PARAMAHANSA YOGANANDA
(1893 – 1952)

Religiooniteadus

Paramahansa Yogananda

Eessõna:

Douglas Ainslie, B.A., M.R.A.S.

Self-Realization Fellowship
FOUNDED 1920
Paramahansa Yogananda

SELLEST RAAMATUST: *„Religiooniteadus"* on Paramahansa Yogananda varaseim välja antud töö ja omab erilist kohta Self-Realization Fellowshipi Yogananda raamatute ja salvestiste raamatukogus. See raamat on Sri Yogananda Ameerikas peetud ajaloolise esmakõne võimendus – selles kõnes tutvustas Yogananda esmakordselt läänemaailmale oma õpetusi. Kõne esitati 1920. aastal Bostonis toimunud religioossete liberaalide rahvusvahelise kongressi ees ning võeti entusiasmiga vastu delegaatide ja avalikkuse poolt – sellega sai tutvuda brošüüri kaudu. 1924. aastal korraldas Sri Yogananda enda ühingu kaudu selle trükise üle vaadatud ja laiendatud versiooni väljaandmise ning sellest alates on seda raamatut pidevalt uuesti trükitud. Väljapaistva briti riigimehe ja filosoofi Douglas Grant Duff Ainslie'i eessõna toodi ära 1928. aastal ja on sellest alates lisatud kõigisse järgnenud väljaannetesse.

Los Angeleses (Californias) asuva Self-Realization Fellowshipi välja antud raamatu originaali tiitel inglise keeles:
The Science of Religion

ISBN-13: 978-0-87612-005-7
ISBN-10: 0-87612-005-2

Tõlge eesti keelde: Self-Realization Fellowship
Copyright © 2015 Self-Realization Fellowship

Autoriseeritud Self-Realization Fellowshipi Rahvusvahelise Kirjastusnõukogu poolt.

Ülaltoodud Self-Realization Fellowshipi nimi ja embleem on SRFi raamatutel, salvestistel ja teistel trükistel, tagades lugejale, et töö pärineb Paramahansa Yogananda poolt asutatud ja tema õpetusi ustavalt edastavalt ühingult.

Esimene eestikeelne väljalase Self-Realization Fellowshipilt, 2015
First Edition in Estonian from Self-Realization Fellowship, 2015

Käesolev eestikeelne trükk 2015
This printing 2015

ISBN-13: 978-0-87612-712-4
ISBN-10: 0-87612-712-X

1165-J3332

Paramahansa Yogananda Vaimne Pärand

Tema kogutud kirjutised, loengud ja mitteametlikud esinemised

Paramahansa Yogananda asutas Self-Realization Fellowshipi [1] 1920. aastal oma õpetuste ülemaailmseks levitamiseks ja nende puhtuse ja terviklikkuse säilitamiseks järeltulevate põlvede jaoks. Olles oma varastel Ameerika-aastatel viljakas kirjanik ja lektor, lõi ta mahukaid töid mediteerimisest, joogateadusest, tasakaalustatud elamise kunstist ja kõigi suurte religioonide põhialuseks olevast ühtsusest. Täna elab see ainulaadne ja kaugeleulatuv vaimne pärand edasi, inspireerides miljoneid tõeotsijaid üle terve maailma.

Suure meistri väljendatud soovidele vastavalt on Self-Realization Fellowship jätkanud kirjastamise protsessi ja hoidnud Paramahansa Yogananda *"Kogutud teosed"* pidevalt trükis. Nende seas pole mitte ainult kõigi tema eluajal tema enda välja antud raamatute lõppväljaanded, vaid samuti paljud uued tekstid – tööd, mis olid jäänud tema lahkumise ajaks 1952. aastal välja andmata, või mis olid Self-Realization Magazine'i ajakirjas poolikute seeriatena

---

[1] Eneseteostuse vennaskond. Paramahansa Yogananda on seletanud, et nimi Self-Realization Fellowship tähendab vennaskonda Jumalaga läbi eneseteostuse ja samuti sõprust kõigi tõdeotsivate hingedega. Vaadake samuti peatükki "Self-Realization Fellowshipi eesmärgid ja ideaalid".

ilmunud läbi aastate. Samuti sajad inspireerivad loengud ja mitteametlikult salvestatud, kuid enne tema lahkumist trükis avaldamata vestlused.

Paramahansa Yogananda valis ja õpetas isiklikult välja need lähedased järgijad, kes juhivad Self-Realization Fellowshipi Kirjastusnõukogu, andes neile spetsiifilised juhised tema õpetuste kirjastamiseks ja ettevalmistamiseks. Self-Realization Fellowshipi Kirjastusnõukogu liikmed (mungad ja nunnad, kes on andnud endale eluaegse loobumise ja isetu teenimise tõotuse) austavad neid juhiseid kui püha usaldust, et armastatud maailmaõpetaja kõikehõlmav sõnum elaks oma algupärases väes ja autentsuses.

Ülaltoodud Self-Realization Fellowshipi embleemi kujundajaks on Paramahansa Yogananda ja see osundab tema asutatud mittetulunduslikule ühingule kui tema õpetuste autoriseeritud allikale. SRFi nimi ja embleem on kõigil Self-Realization Fellowshipi trükistel ja salvestustel, tagades lugejale, et töö pärineb Paramahansa Yogananda asutatud organisatsioonilt ning et see edastab ta õpetusi nõnda, nagu ta ise neid edastada kavatses.

Self-Realization Fellowship

Tema vagaduse ja helduse pärast paljude liiku-
miste suhtes ja Yogoda Satsanga internaatkoolide
rajamise eest Ranchisse Biharis Indias, on see raa-
mat armastusega pühendatud lahkunud austatud
Kasimbazari maharadža Sri Manindra Chandra
Nundyle Bengalist.

SISUKORD

Osad

EESSÕNA

Douglas Grant Duff Ainslie'lt
(1865 – 1952)
(Inglise riigimees, poeet, filosoof, Harvardi ülikoolis toimunud filosoofia kongressi delegaat)

See väike raamat pakub teile universumi võtit.

Selle väärtus on kaugemal sõnadega hindamisest, sest nende õhukeste kaante vahelt võib leida Veedade ja Upanišaadide lilleõisi, jooga filosoofia ja meetodi kõige esmase esitaja Patandžali põhiolemust ja suurimat, kes surelikus kehas iial eksisteerinud ja rahvahulkade käeulatusse esimest korda toodud Šankara mõtet.

See on teadlik väide isikult, kes on lõpuks peale pikka ekslemist leidnud idas lahenduse maailma mõistatustele. Hindud on avaldanud tõe tervele maailmale. Ja see on loomulik, pidades silmas, et enam kui viis tuhat aastat tagasi, sel ajal, kui brittide ja keltide ja ladinlaste esivanemad rändasid tõeliste barbaritena toidu otsinguil mööda määratuid Euroopa metsi, olid hindud juba haaratud elu ja surma müsteeriumi üle juurdlemisest, mis praeguseks on toonud meid nende kahe ühtsuse juurde.

Paramahansa Yogananda õpetuste puhul tuleks esile tuua põhilist, mis selgelt eristab neid Euroopa filosoofidest nagu Bergson, Hegel ja teised. Tema õpetused ei ole spekulatiivsed, vaid praktilised, isegi kui nad tegelevad metafüüsika kaugeima küündivusega. Põhjus on selles, et tervest inimkonnast on vaid hindud üksi tunginud eesriide taha ja omavad

teadmist, mis tegelikult ei ole filosoofiline ehk tarkust armastav, vaid tarkus ise. Sest kui seda väljendada verbaalse
dialektikaga, siis peab see teadmine asjaolude sunnil avama
end filosoofide kriitikale, kelle elu, nagu Platon ütles, on
pidevalt seotud arutlemisega. Tõde ei saa väljendada sõnades ja kui sõnu kasutatakse, isegi kui seda teeb Šankara, siis
leiavad akuutsed mõistused rünnakuks ikka mõne piiluaugu.
Tegelikkuses ei sisalda lõplik endas mõõtmatut. Tõde ei ole
igavene arutelu, ta on Tõde. Sellest tuleneb, et vaid tegeliku
isikliku teostumise ja sellise praktika või meetodi kaudu,
mida pakub Paramahansa Yogananda, võib Tõde teada saada
ilma kahtlusteta.

Kogu maailm soovib õndsust, nii nagu Paramahansa
seda ütleb ja tõestab, kuid enamikku eksitab soov naudingu
järele. Buddha ise väljendas alati selgesti, et soovihalus on
see, millele ignorantselt järgnedes satume häda ja viletsuse
mädasohu, kus suurem osa inimkonnast vaevaliselt kahlab.

Kuid Buddha ei väitnud võrdse selgusega, et see on
neljas neljast meie kõigi poolt ihaldatud õndsuse seisundi
saavutamise viisist. See neljas on kõigist kergeim, kuid vajab
oma praktiliseks teostamiseks eksperdi juhtimist. See ekspert
on nüüd meie hulgas, andmaks läänele tehnikat, lihtsaid
reegleid, mida on sajandite kestel andnud käest kätte India
muistsed filosoofid ja mis juhivad teostumisse ehk kestva
õndsuse seisundisse.

Seda otsest kontakti on hindu mõttes ja praktikas alati
rõhutatud kui suurt tähtsust omavat. Kuni meie päevadeni on
see olnud vaid Indias elavate piisavalt õnnelike käeulatuses.
Nüüd, kus meil on see läänes olemas, praktiliselt ukse ees,
on tõeliselt rumal vältida või unarusse jätta selle praktiseerimine, mis iseendast on intensiivselt õndsust täis – „kaugelt
enam puhtalt õnnis, kui meie viis meelt või mõistus meile iial

võimaldavad," nagu Paramahansa Yogananda meile tõeselt kinnitab, lisades: „Ma ei soovi anda kellelegi mingit teist tõestust selle tõepärasuse kohta, kui seda võimaldab tema enda kogemus."

Esimese sammu saate teha selle väikse raamatu lugemisega; teised täieliku õndsuse seisundi saavutamiseks vajalikud sammud järgnevad loomulikult.

Ma lõpetan tsiteerides paari rida oma poeemist „Johannes Damaskusest", kus ma püüan poeetiliselt esile tuua selle raamatu saavutusi. Kõneleb Buddha, kes meie jaoks on Paramahansa Yogananda, sest „Buddha" tähendab lihtsalt „seda, kes teab".

> Pikalt olen ekselnud, pikalt, laulis tema,
> köidetud ahelatega läbi eludevalu
> loendamatu, ja tundes tules oleva ise
> raevuka soovihaluse mürgihambaid.

> Leitud, ta laulis, see on leitud: põhjus,
> tules oleva ise, metsiku soovi põhjus,
> ei ühtki maja, oo Arhitekt, mulle enam
> Sa kunagi ehita.

> Purustatud on parve talad ja laiali pillutud
> on Sinu laetalad:
> ühtki maja ei ehita Sa mulle enam,
> nirvaana on minu, minu, see asub
> mu käeulatuses, mu silme ees.
> Nüüd, kui seda tahan, nüüd võin
> siit lahkuda igavikuks
> igavesse õndsusse, jätmata jälgi
> endast siia või kusagile mujale.

> Kuid armastusest Sinu vastu ja lase,
> oo inimkond, oma ainsa sihi pärast,
> silla oma kätega ma ehitan,
> mida ületades võite ka teie leida

vabaduse kõigist sündidest, surmadest ja valust,
ja võita niiviisi igavese õndsuse.

Sillaehitaja on meie hulgas. Ta ehitab enese kätega silla,
kui me tõesti tahame, et ta seda teeks.

London, Inglismaa
1927. aasta veebruar

EESSÕNA KIRJASTUSELT

Paramahansa Yogananda (1893-1952) alustas oma elutööd India ajatu vaimse teaduse läänemaailma toomisel aastakümneid enne praegust ida filosoofia ja religiooni vastu tõusnud huvi. 1920. aastal kutsuti ta India esindajana Bostonis toimunud maailma religioossete liidrite kongressile. Tema sel puhul peetud esinemine, ta esimene kõne Ameerika Ühendriikides, anti üsna peatselt välja „Religiooniteaduse" nime all. Sellest alates on seda välja antud paljudes keeltes ning kasutatud kolledžites ja ülikoolides allikmaterjalina.

„Religiooniteadus" on kõikide tõeliste religioonide ühtse sihi ja selle saavutamise nelja peamise tee põhjalikult lihtne ja lakooniline lahtiseletus. See on universaalne sõnum, mis ei rajane dogmaatilistel uskumustel, vaid otsesel Tegelikkuse nägemisel, mis on saavutatud muistsete teaduslike meditatsioonitehnikate praktiseerimise teel.

Self-Realization Fellowship

RELIGIOONITEADUS

SISSEJUHATUS

Selle raamatu eesmärk on käsitleda religiooni all mõistetavat, teadvustada seda kui universaalselt ja pragmaatiliselt vajalikku. Teos püüab näidata jumaliku mõtte sedagi tahku, mis toetub igal minutil otseselt meie motiividele ja tegudele. On tõsi, et Jumal on oma olemuselt ja aspektidelt mõõtmatu. Samuti vastab tõele inimmõistuse arutluse najal koostatud Jumalat kirjeldavate üksikasjade kaart, mis on samas Jumala hoomamise püüete piiratuse tunnistajaks. On tõsi, et inimmõistus ei saa tugineda piiratule, ilma et sel oleks tagasilööke. Sel on loomulik tung interpreteerida inimlikku ja lõplikku, mida ta tunneb, üliinimlikus ja mõõtmatus valguses, oskamata samas väljendada selgesõnaliselt seda, mis on varjatud.

Meie tavaline Jumala kontseptsioon on see, et Ta on üliinimlik, mõõtmatu, kõikjalolev, kõigeteadja jms. Selles peamises lähenemises on palju erinevaid variatsioone. Mõned kutsuvad Jumalat isikuna, teised näevad Teda ebaisikulisena. Antud raamatus rõhutatud vaatenurk seisneb selles, et ükskõik milline Jumala kontseptsioon meil ka ei oleks, kui see meie igapäevast käitumist ei mõjuta, kui igapäevaelu ei saa sellest inspiratsiooni ja kui see pole meile kõikehõlmavalt vajalik, siis on see kontseptsioon või lähenemine kasutu.

Kui Jumalat käsitletakse teisiti, kui et me ei saa ilma Temata rahuldada oma vajadusi, tegelda inimestega, raha teenida, lugeda raamatut, eksameid sooritada, täites kõige tühisemaid või kõige kõrgemaid kohustusi – siis on selge, et me pole tunnetanud ühtki sidet Jumala ja elu vahel.

Jumal võib olla mõõtmatu, kõikjalolev, kõigeteadja, isikuline ja halastav, kuid need lähenemised ei ole piisavad sundimaks meid Teda tundma. Me võime läbi ajada ka ilma Temata. Ta võib olla mõõtmatu, kõikjalolev ja nii edasi, kuid neil kontseptsioonidel puudub meie toimekas ja kiirustavas elus otsene praktiline kasutus.

Me puutume nende kontseptsioonidega kokku vaid siis, kui püüame leida õigustusi filosoofilistes ja poeetilistes kirjutistes, kunstis ja idealistlikus vestluses, millegi teispoolsuses oleva lõpliku janunemises. Samuti siis, kui me kõigi oma paljukiidetud teadmistega ei suuda seletada mõnd kõige üldtuntumat universumi nähtust või kui me eksleme maistes elumuutustes. Idamaine maksiim ütleb selle kohta: Me palvetame Alati-Armulise poole, kui tunneme end ummikus olevat. Muidu aga näime toimivat oma igapäevases maailmas päris hästi ilma Tematagi.

Need stereotüüpsed kontseptsioonid näivad olevat meie allasurutud inimmõtte ohutusventiilid. Need seletavad Teda, kuid ei pane meid Teda otsima. Neil puudub motivatsioonijõud. Kui me kutsume Teda mõõtmatuks, kõikjalolevaks, kõikeandestavaks ja kõigeteadjaks, siis me just tingimata ei *otsi* Teda. Need lähenemised rahuldavad intellekti, kuid ei lohuta hinge. Kui neid südames kalliks pidada ja austada, siis võivad nad meid teatud määral avardada – tehes meid kõlbelisemaks või Tema suunas astuvaks. Kuid nad ei tee Jumalat meie omaks – nad ei ole piisavalt intiimsed. Nad asetavad Ta eemale igapäevastest maistest muredest.

Kui oleme tänaval, tehases või kontoris, on neil kontseptsioonidel meie jaoks võõras maitse. Mitte et me oleksime Jumalale ja religioonile surnud, vaid meil puudub nende kohta õige kontseptsioon – lähenemine, mis oleks sisse kootud igapäeva elukangasse. See, mida me tajume Jumalana, peaks igapäevaselt, ei, igas tunnis olema meie teejuhiks. Jumala kontseptsioon ise peaks meid igapäevaaskelduste keskel Teda otsima panema. Seda me peamegi silmas pragmaatilise ja tagant sundiva Jumala-kontseptsiooni all. Me peaksime asetama selle religiooni ja Jumala uskumuste sfäärist oma igapäevaellu.

Kui me ei rõhuta vajadust Jumala järele meie igas eluaspektis ja religiooni vajadust meie olemasolu igas minutis, siis langevad Jumal ja religioon meie intiimsemast igapäevasest kaalutlemisest välja ja muutuvad vaid kord-nädalas afääriks. Selle töö esimeses osas on püütud näidata, et Jumala ja religiooni vajaduse mõistmiseks peame eelistama lähenemist, mis toetab meie igapäevaelu ja igas tunnis tehtavaid tegevusi.

See raamat püüab ka esile tuua religioonide kõikehõlmavust ja ühtsust. Erinevatel ajastutel on eksisteerinud erinevad religioonid. Need on tekitanud tuliseid vastuolusid, pikka sõjapidamist ja palju verevalamist. Üks religioon on tõusnud teise vastu, üks sekt on võidelnud teisega. Paljusus ei valitse mitte ainult religioonide hulgas, vaid ka sama religiooni sees esineb lai sektide ja arvamuste mitmekesisus. Kuid tekib küsimus: kui on vaid üks Jumal, siis miks peaks eksisteerima nii palju religioone?

Võib vaielda, et intellektuaalse kasvu teatud astmed ja teatud rahvaste juurde kuuluvad teatud geograafilistest piirkondadest ja teistest välistest oludest tulenevad mentaalsuse tüübid määratlevad selliste erinevate religioonide päriolu, nagu hinduism, islam ja budism aasialastel, kristlus lääne inimestel ja nii edasi. Kui me mõistame religioonide all vaid praktikaid, teatud tõekspidamisi, dogmasid, tavasid

ja konventsioone, siis võib nii paljude religioonide olemas-
olu põhjendada. Aga kui religioon tähendab esmalt Juma-
la-teadvust või nii sees- kui välispidist Jumala-teostust ning
teisejärguliselt alles uskumuste, tõekspidamiste ja dogmade
kogu, siis rangelt väljendudes on terves maailmas vaid üks
religioon, sest on vaid üks Jumal.

Siis ja ainult siis, kui religiooni mõista sel moel, on või-
malik säilitada selle universaalsus, sest arvatavasti ei saa me
muuta universaalseks teatud tavasid ja konventsioone. Eri-
nevad tavad, Jumala-teenimise vormid, tõekspidamised ja
konventsioonid moodustavad ühe religiooni alla kuuluvate
erinevate usulahkude ja sektide algupära ja aluse. Vaid kõi-
gile religioonidele ühist elementi saab muuta universaalseks
– me võime paluda kõigil seda järgida ja sellele kuuletuda.
Siis alles võime tõesti öelda, et religioon ei ole mitte ainult
vajalik, vaid ka universaalne. Igaüks võib järgida valitud re-
ligiooni, sest ongi vaid üks religioon – kõigis religioonides
olev kõikehõlmav element on üks ja seesama.

Püüdsin selles raamatus näidata, *et Jumal on üks,
meile kõigile vajalik, ja seega on ka religioon üks, vajalik ja
kõikehõlmav.* Vaid teed temani võivad alguses mõnes osas
erineda. Tegelikkuses on ebaloogiline väita, et on olemas
kaks religiooni, kuna on vaid üks Jumal. Võib ju olla kaks
nominatsiooni või sekti, kuid on vaid üks religioon. Need,
mida me praegu nimetame erinevateks religioonideks,
peaksid olema nimetatud selle ühe kõikehõlmava religiooni
erinevateks usulahkudeks või sektideks. Ja neid, mida me
praegu teame kui erinevaid usulahke ja sekte, tuleks esile
tuua harukultuste või –usutunnistustena. Kui me kord
saame teada sõna „religioon" tähenduse, mida ma kavatsen
siin kohe selgitada, siis peame olema selle kasutamisel mõis-
tagi ettevaatlikud. Vaid piiratud inimlik vaatenurk ei märka

nn erinevates maailma religioonides kõige aluseks olevat universaalset elementi. Ja see tähelepanematus on paljude pahede põhjuseks.

See raamat annab religioonile psühholoogilise, mitte aga dogmadele ja tõekspidamistele rajatud objektiivse määratluse. Teiste sõnadega teeb see religioonist kogu meie seesmise olemuse ja hoiaku küsimuse, aga mitte pelgalt teatud reeglite ja ettekirjutustele kuuletumise.

I OSA

RELIGIOONI UNIVERSAALSUS, VAJALIKKUS JA ÜHTSUS

Elu ühtne eesmärk

Kõigepealt peame me teadma, mis religioon on – alles siis võime me arutleda, kas meil kõigil on vaja olla religioosne. Ilma vajaduseta ei ole ka tegevust. Igal meie teol on oma lõppeesmärk milleks me seda teeme. Maailma inimesed tegutsevad erinevate sihtide saavutamiseks erinevalt. Inimtegevuse põhjuseks maailmas on suur hulk taotlusi. Kuid kas kõigi maailma inimeste kõigi tegevuste puhul on olemas ühine ja kõikehõlmav lõppeesmärk, siht? Kas meil kõigil on olemas mingi ühine ja kõrgeim vajadus, mis ärgitab meid tegutsema? Väike maiste inimtegevuste motiivide ja sihtide analüüs näitab, et kuigi inimestel on tuhat ja üks ametit ja elukutset puudutavat kohest ja kaugemat sihti, on kõigi teiste eesmärkide suubumiskohaks või lõplikuks sihiks valu ja tahtmiste vältimine ja püsiva õndsuse saavutamine. Eraldi küsimus on see, kas me saame õndsuseni jõudes vältida lõplikult valu ja tahtmisi. Ilmselt püüame me tegelikkuses kõigis oma tegevustes vältida valu ja leida naudingut.

Miks on inimene õpipoisi rollis? Seepärast, et ta tahab teatud alal eksperdiks saada. Miks ta tegeleb selle konkreetse alaga? Sest seeläbi ta saab raha teenida. Milleks üldse on vaja raha teenida? Sest et see rahuldab isiklikke ja perekonna vajadusi. Milleks vajadusi rahuldada? Sest seeläbi saavutatakse õnn ja eemaldatakse valu.

Tegelikult ei ole õnn ja õndsus üks ja seesama asi. Me kõik soovime õndsust, suure rumala eksituse tõttu kujutame me ette, et nauding ja õnn on õndsus. Miks on see nii juhtunud, seda siin näitamegi. Lõplik eesmärk on tegelikult sisemiselt tuntav õndsus, kuid meie valearusaama kohaselt on selle koha hõivanud õnn või nauding ning naudingut on hakatud pidama lõplikuks motiiviks.

Seega me näeme, et meie lõpliku eesmärgi kujundavad mõnede soovide täitmine, mõne pisikese või suurima füüsilise või mentaalse valu kõrvaldamine ja õndsuse saavutamine. Me ei pruugi enam edasi küsida, miks peaks õndsust saavutama – sest vastust sellele ei anta. See on meie viimaseks lõpuks, ükskõik, mida me ka ei tee – alustame ettevõtlusega, teenime raha, otsime sõpru, kirjutame raamatuid, omandame teadmisi, valitseme kuningriike, annetame miljoneid, avastame maid, otsime kuulsust, aitame abivajajaid, muutume filantroobiks või läheme märtrisurma. Kui meie tõeline lõppsiht oleks järjekindlalt meie vaateväljal, siis viitaks see meile, et Jumala otsimine on muutunud tõsiasjaks. Samme võib olla miljoneid, vahepealseid tegevusi ja motiive võib olla müriaade, kuid lõplik motiiv on alati üks ja sama – saavutada kestev õndsus, isegi kui see peaks toimuma pika tegevuste ahela kaudu.

Inimesele meeldib tavaliselt lõppu jõuda ahelat mööda. Ta võib mõne valu lõpetamiseks teostada enesetapu või sooritada mõrva, et saada lahti mõnest tahtmisest, valust või mõnest julmast südametorkest, ise mõeldes, et saab seeläbi tõelise rahulduse või kergenduse, mida eksliult õndsuseks peab. Kuid asja iva on siiski see, et toimub tegevus (kuigi vale) lõpliku lõpu suunas.

Mõni võib öelda: „Mul ükskõik naudingutest või õnnest. Ma elan elu selleks, et midagi saada, edu saavutada."

Teine ütleb: „Ma tahan teha maailmas head. Ma ei hooli, kas mul on valus või mitte." Aga kui te vaatate inimeste elusid, siis märkate seal samasugust töötamist ja tegevust õnne-eesmärgi suunas. Kas esimene inimene tahab saada edu, mis ei paku naudingut ega õnne? Kas teine tahab teha teistele head ja seeläbi õnne mitte saada? Ilmselt mitte. Nad ei pruugi panna millekski teistelt saadud tuhandet ja ühte füüsilist valuaistingut, mentaalset kannatust või läbielamist, mis kaasnevad edu otsimise või teistele heategemisega. Kuid kui keegi leiab edust suure rahulduse ja teine naudib intensiivselt õnne teistele heategemisest, siis esimene neist on vaatamata juhuslikele hädadele otsimas edu ja teine püüdlemas teiste heaolu poole.

Isegi kõige altruistlikumad motiivid ja siiramad kavatsused inimkonna heaolu suurendamiseks on esile kerkinud algsest kihust saavutada õndsusele lähenedes esmalt isiklik talitsetud õnn. Kuid see ei ole eneseotsija kitsas õnn. See on teis, minus ja kõigis oleva avara otsija „puhta ise" õnn. See õnn peidab endas juba õndsust. Seega, altruisti kitsas isekus ei luba hinnata altruistlike tegevuste motiivide taga olevat puhast õndsust, sest keegi ei saa omada puhast õndsust, kui ta pole piisavalt avar, soovimaks ja otsimaks seda ka teistele. See on universaalne seadus.

Religiooni universaalne definitsioon

Seega, kui ajada jälgi ja uurida kõigi inimeste tegude algmotiive nii kaugele kui võimalik, siis leitaks, et kõigil on algne motiiv üks ja seesama – valu eemaldamine ja õndsuse saavutamine. Kuna lõpp on kõikehõlmav, siis peab seda vaatlema kui kõige vajalikumat. Ja see, mis on inimese jaoks kõige vajalikum ja kõikehaaravam, ongi tema jaoks religioon. Seega tähendab *religioon tingimata jäädavat valu eemaldamist ja õndsuse ehk Jumala teostamist.* Ja püsiva valu vältimiseks ning õndsuse ehk Jumala teostamiseks vajalikke tegusid nimetatakse religioosseteks. Kui me mõistame religiooni sel moel, on tema universaalsus ilmselge. Sest keegi ei saa eitada, et tahab vältida püsivalt valu ja saavutada püsivat õndsust. See tõde tuleb tunnistada üldiseks, seda ei saa vaidlustada. Kogu inimese eksistents on sellega seotud.

Kõik tahavad elada, sest armastavad religiooni. Isegi kui inimene sooritab enesetapu, armastab ta elu, sest armastas ka religiooni.

Seda tehes mõtleb ta, et saavutab õnnelikuma seisundi kui elades. Ta mõtleb, et saab iga hinna eest lahti mõnest häirivast valust. Sellisel juhul on tema religioon rohmakas, kuid ta on religioon, ikka seesama. Tema eesmärk on täiuslikult õige, sama, mis kõigil teistel inimestel, sest kõik nad tahavad õnne või õndsust. Kuid tema vahendid ei ole arukad. Oma ignorantsuse tõttu ei tea ta, mis toob talle kõigi inimeste sihiks oleva õndsuse.

Mida tähendab olla religioosne

Niiviisi on üheselt võttes igaüks selles maailmas religioosne, kuna igaüks tahab vabaneda puudusest ja valust ning saavutada õndsust. Igaüks töötab sama eesmärgi nimel. Kuid rangelt võttes on selles maailmas religioossed vaid üksikud, sest need üksikud, olgugi, et neil on sama eesmärk kui kõigil teistel, teavad kõige tõhusamaid vahendeid, et kõrvaldada täielikult nii füüsiline, mentaalne kui vaimne valu ja puudus ning saavutada tõeline õndsus.

Tõeline pühendunu ei saa järgida religiooni ortodoksset, jäigalt kitsast kontseptsiooni, kuigi see on kaugelt samuti ühendatud minu esile toodud kontseptsiooniga. Kui te ei lähe mõnel ajal kirikusse ega templisse või ei osale ühelgi tseremoonial või vormitäitmisel – isegi kui te olete oma igapäevaelus toiminud religioosselt – olles rahulik, tasakaalukas, keskendunud, heatahtlik, pigistades õnne välja kõige tüütumatest olukordadest, siis vangutavad tavalised, ortodokssed või kitsarinnalised inimesed päid ja väidavad, et kuigi te püüate olla hea, siis ikkagi olete te religiooni vaatenurgast või Jumala silmis „väljalangeja", kuna te pole hiljuti sisenenud pühakodadesse.

Kuigi ei saa olla mingit vabandust sellistest pühadest paikadest eemale hoidmiseks, pole teisalt ka mingit põhjust pidada kedagi kirikuskäimise tõttu rohkem religioosseks, kui samal ajal ei viida religioonis aushoitud põhimõtteid igapäevaselt praktikasse, mis võimaldab meil lõppude lõpuks püsivat õndsust saavutada. Religioon ei ripu kirikupinkide ega tseremooniate küljes. Kui teis on aukartust, kui elate oma igapäevaelu selliselt, et toote sellesse häirimatu õndsuse-teadvuse, siis olete võrdselt religioosne nii kirikust väljas kui selle sees.

Muidugi ei tule seda võtta argumendina kirikust lahtiütlemiseks. Iva on selles, et peaksite pingutama igavese õnne pärast väljaspool kirikut samaväärselt, kui passiivselt kirikupingil jutlust nautides. Mitte et kuulamine poleks hea asi – omal viisil on ta seda kindlasti.

Religioon seob meid heatahtlike seadustega

Sõna „religioon" tuleneb ladinakeelsest sõnast *religare*, mis tähendab „siduma", „juhtima tagasi allika juurde". Mis seob, keda seob ja miks? Jättes kõrvale kõik ortodokssed seletused, tuleb siit arutluskäigus välja, et meie oleme need,

kes on seotud. Mis meid seob? Muidugi mõista ei seo meid
ahelad ega ketid. Võib öelda, et religioon seob meid vaid
reeglite, seaduste või ettekirjutustega. Aga miks? Et teha
meist orje? Lubamata meil järgida sünnipärast õigust vabale
mõtlemisele ja vabale tegutsemisele? See pole mõistlik. Kui
religioonil peab olema veenev õigustus, peaks motiiv, mis
seda meiega seob, olema samuti hea. Mis motiiv see on?
Ainus ratsionaalne seletus saab olla, et religioon seob meid
reeglite, seaduste ja ettekirjutustega põhjusel, et me ei käiks
alla, et ei oleks kehalises, mentaalses ega vaimses viletsuses.

Kehaline ja mentaalne kannatus on meile teada. Kuid
mis on vaimne kannatus? Selleks on ignorantsus Vaimust.
See ilmutab end alati, kuigi tihti märkamatult – igas piira-
tud olevuses, samas kui kehaline ja mentaalne valu tuleb
ja läheb. Milliseid teisi religiooniga seotuse motiive peale
ülaltoodu saaksime me veel tuua – motiive, mis poleks ei
absurdsed ega tõrjuvad? Ilmselt alluvad teised motiivid, kui
neid üldse esineb, sellele ühele.

Kas ei väljendu religiooni mõiste terviklikult juba ülal-
toodud sõnaseletuses „siduma", pakkudes meile religiooni
alustähenduse? Me ütlesime, et religioon sisaldab osaliselt
valu, viletsuse ja kannatuste püsivat vältimist. Aga religioon
ei saa rajaneda vaid millestki vabanemisele nagu seda on
valu. Ta peab rajanema sellele, et pakub midagi muud ase-
mele. Ta ei saa välistada üksnes negatiivset, vaid peab tooma
ka positiivset. Kuidas saaksime vabaneda püsivalt valust,
saamata endale tema vastandit – õndsust? Kuigi õndsus ei
ole täpne valu vastand, on ta igatahes positiivne teadvus,
millesse me võime klammerduda valust vabanemiseks.
Muidugi ei saa me rippuda igavesti neutraalsuse-tunnetuse
õhus, mis ei ole ei valu ega selle vastand. Ma kordan, et re-
ligioon ei sisalda mitte valu ja kannatuste vältimist, vaid ka

õndsuse ehk Jumala saavutamist (seda, et õndsus ja Jumal on teatud mõttes sünonüümid, seletame edaspidi).

Vaadates religiooni alustähendust: siduma, jõuame me sama religiooni mõisteni, milleni me jõudsime inimeste tegutsemismotiivi analüüsides.

Religioon on küsimus alustest

Religioon on küsimus alustest. Kui meie lähtemotiiviks on õndsuse otsimine, kui kõik meie tehtud teod ja eluhetked on määratud sellestsamast lõplikust motiivist, kas me siis ei nimeta seda kõige sügavamal inimloomuses peituvaks igatsuseks? Ja mis saab religioon olla, kui ta pole kuidagi lõimunud inimolemuse sügavusse juurdunud igatsusega? Kui religioonis peaks olema midagi, milles on elulist väärtust, siis peab see ise rajanema eluinstinktil või –janul. See on selles raamatus esile toodud religiooni kontseptsiooni *a priori* eeldus.

Kui keegi vastab, et õnne janunemise kõrval on olemas palju teisi instinkte (sotsiaalsed, enesealalhoiu jms) ja küsib, et miks me ei käsitle religiooni ka nende instinktide valguses, siis vastuseks on, et õnneotsimise instinkt alistab need või on nendega liiga seotud, et mõjutaks kuidagi meie religioonikäsitlust.

Pöördume uuesti tagasi eelmise argumendi juurde: *religioon on see, mis on universaalne ja inimesele kõige vajalikum* – kui religioon pole inimesele see, mis on kõige vajalikum ja universaalne, siis mis see võiks olla? See, mis on kõige juhuslikum ja muutuvam, ei saa seda muidugi olla. Kui me tahame teha rahast seda ühte ja ainumast asja, mis elus tähelepanu väärib, siis muutub raha meile religiooniks – „dollar on meie Jumal". Mistahes domineeriv elumotiiv on meie jaoks religioon. Jätke siin kõrvale tegevuspõhimõtete ortodoksne tõlgendus – intellektuaalne dogmade või tseremooniate järgimine – otsustage oma isikut tähtsustamata, mis religioon meil on. Me ei pea ootama, et teoloog või jutlustaja tuleks meie religiooni või sekti määrama – meie põhimõtetel ja tegudel on miljon keelt, et seda meile ja teistele väljendada.

Oluline on see, et iga pimeda valivusega jumaldatud asja taga peitub alati üks peamotiiv. See tähendab, et kui me teeme rahast, ärist, vajadustest või luksusasjade omandamisest ülima eesmärgi, isegi siis on meie tegude taga sügavam motiiv: me tahame neid asju selleks, et peletada valu ja leida õnne. See valdav motiiv on inimkonna tegelik religioon – ülejäänud motiivid on teisejärgulised ja moodustavad pseudoreligioone. Kuna religiooni ei tajuta universaalsena, siis pagendatakse see pilvede piirkonda või peavad paljude inimesed seda naiste, vanade inimeste või mannetute moekaks meelelahutuseks.

Universaalne religioon on pragmaatiliselt vajalik

Nii me näeme, et Kõikehõlmav religioon (või sellisel universaalsel viisil tajutav religioon) on praktiliselt või *pragmaatiliselt* vajalik. Selle vajalikkus ei ole kunstlik ega peale sunnitud. Kuigi süda tajub religiooni vajalikkust, ei ole me kahjuks üleni nii elusad. Kui me oleks sellised, siis oleks valu maailmast ammu kadunud. Tavaliselt on nii, et mida inimene peab tõeliselt vajalikuks, seda otsib ta tõelise hasardiga. Kui inimese arvates on rahateenimine pere toetamiseks ülimalt vajalik, siis ei pelga ta selle nimel ühtki ohtu. Kahju, et me ei pea religiooni samal moel vajalikuks. Selle asemel peame me seda kaunistuseks, iluasjaks, aga mitte inimelu koostisosaks.

Paramahansa Yogananda koos religioossete liberaalide rahvus-
vahelise kongressi delegaatidega 1920. aasta oktoobris Bostonis
Massachusettsis. Sri Yogananda esines erilisele seltskonnale reli-
giooniteaduse teemal.

Unity House – religioossete liberaalide rahvusvahelise kongressi
toimumispaik.

Paramahansa Yogananda kõnelemas 1924. aasta augustis Denveris Colo)rados.

Samuti on suur kahju sellest, et ehkki iga inimese eesmärk selles maailmas on möödapääsmatult religioosne, siis kuitahes palju ta ka puuduse kõrvaldamiseks ja õnne saavutamiseks ei raba – siis tänu teda valele teele juhtinud saatuslikele vigadele, lasid need tal pidada tõelist religiooni (mille tõlgenduse me äsja andsime) vähetähtsaks asjaks.

Mis on selle põhjuseks? Miks ei taju me tähtsusetu kõrval tõelist vajadust? Vastus on: ühiskonna valed toimimisviisid ja meie endi meelelised kiindumused.

Seltskond, mis meid ümbritseb, määrab meiepoolse erinevate asjade vajaduse tunnetamise. Võtke näiteks isikute ja olude mõju. Kui te soovite muuta õhtumaist inimest idamaiseks, siis asetage ta asiaatide keskele ja kui te soovite muuta hommikumaalast õhtumaiseks, asetage ta eurooplaste keskele – ja pange tähele tulemusi. Need on ilmsed ja vältimatud. Lääne inimesele hakkavad meeldima idamaised tavad, riietus, harjumused, eluviis, mõtlemine ja asjade nägemise maneer ning idakultuuridest pärinev inimene teeb sama läänes. Tõe standard tundub neile muutuvana.

Ühe asjaga nõustub samas enamik inimesi, et nende maine elu koos selle hoole ja naudingute, heaolu ja hädadega on elamist väärt. Samas kõikehõlmava religiooni vajadusest kõnelevad meile vähesed, või ei räägi sellest üldse keegi. Ja nii ei märkagi me seda.

Tavaliselt otsib inimene väljastpoolt oma ringi harva aabitsatõde. Mis iganes tema enda ringis juhtub, seda ta õigustab, järgib, imiteerib, kopeerib, pidades seda oma mõtte- ja käitumise standardiks. See, mis jääb tema sfäärist väljapoole, sellele vaatab ta läbi sõrmede või vähendab selle tähtsust. Näiteks ülistab jurist seadust ja on selles suhtes väga osavõtlik – kuid teised asjad huvitavad teda reeglina vähe.

Kõikehõlmava religiooni pragmaatilist ja praktilist vajadust mõistetakse tihti kui teoreetilist vajadust – ja religiooni peetakse intellektuaalse lähenemise objektiks. Kui me tunneme religioosset ideaali pelgalt oma intellekti kaudu, siis mõtleme, et olemegi jõudnud selle ideaalini ja et meilt ei nõuta selle järgi elamist ega selle teostamist.

Pragmaatilise vajaduse segiajamine teoreetilise vajadusega on meie suur viga. Paljud arvatavasti tunnistavad väikese mõtisklemise järel, et kõikehõlmav religioon on jäädav valu vältimine ja teadlik õndsuse teostamine, kuid vähesed mõistavad religiooni tegelikku tähtsust ja praktilist vajadust.

II OSA

VALU, NAUDING JA ÕNDSUS, NENDE ERINEVUSED

Valu ja kannatuse algne põhjus

Nüüd on meil vaja uurida nii mentaalse kui kehalise valu ja kannatuse algpõhjust, mille vältimises sisaldub osaliselt ka kõikehõlmav religioon.

Kõige esmalt peaksime me tõendama oma üldisele kõikehõlmavale kogemusele toetudes, et me oleme alati teadlikud endast kui aktiivsest väest kõigi oma mentaalsete ja kehaliste tegevuste taga. Me sooritame tõesti paljusid toiminguid – tajudes, mõeldes, pidades meeles, tundes, tegutsedes ja nii edasi. Kuid nende toimimiste taga võime me tajuda meid valitsevat „ego" või „mina", mis mõtleb endast kui ühest ja samast läbi kogu möödunud ja praeguse eksistentsi.

Piiblis öeldakse: „Eks te tea, et te olete Jumala tempel ja teie sees elab Jumala Vaim?"[1] Me kõik oleme indiviididena kõikehõlmava õndsusliku Vaimu ehk Jumala peegeldunud vaimsed Ised. Nii nagu päike võib paljudes veega täidetud anumates peegelduda arvukate kujutistena, nii on ka inimkond jaotatud tõenäoliselt paljudeks hingedeks, kes olles hõivanud kehalisi ja mentaalseid liikumisvahendeid, on sel kombel väliselt ühest kõikehõlmavast Vaimust lahutatud. Tegelikkuses on Jumal ja inimene üks ja lahusolek on vaid näiline.

---

[1] I Korintlaste 3:16.

Olles nüüd aga õnnistatud ja peegeldades vaimseid Isesid, miks on siis nii, et oleme oma õndsast olekust täiesti teadmatud ja allutatud samal ajal füüsilisele ning mentaalsele valule ja kannatustele? Vastus on, et vaimne Ise on võtnud selle praeguse olukorra enda kanda (läbi ükskõik millise protsessi), samastades end ajutise kaduva kehalise liiklusvahendi ja rahutu mõistusega. Olles sedasi samastatud, tunneb vaimne Ise end ebaterves või ebameeldivas kehalises ja mentaalses olukorras kehvasti ning omakorda meeldivas ja terves kehalises ja mentaalses olukorras hästi. Tänu sellele samastumisele on vaimne Ise pidevalt häiritud neist mööduvatest seisunditest.

Võttes isegi aluseks kujundliku samastumisetunde, siis näiteks tunneb oma ainsa lapsega sügavalt samastunud ema kannatusi ja tugevat valu palja jutu peale tema lapse oletatavast või tõelisest surmast. Ta ei tunne sellist valu, kui ta kuuleb naabrinaise lapse surmast – sest tal ei ole selle emaga sarnast samastumist. Nüüd võime me ette kujutada teadvust, kui samastumine on tõeline ja mitte kujundlik. Seega *on meie vaimse Ise hädade ja viletsuse algpõhjuseks või allikaks samastumine kaduva keha ja rahutu mõistusega.*

Mõistes, et vaimse Ise samastumine keha ja mõistusega on valu peamiseks põhjuseks, peaksime me nüüd pöörduma valu otseste ja kaudsete põhjuste psühholoogilise analüüsi ning valu, naudingu ja õndsuse eristamise poole.

Valu otsesed põhjused

Samastumise tõttu tunduvad vaimsel Isel olevat teatud kalduvused – mentaalsed ja psüühilised. Soov nende kalduvuste rahuldamiseks loob tahtmisi ja tahtmised loovad valu. Need kalduvused omakorda võivad olla loomulikud või loodud. Loomulikud kalduvused toodavad loomulikke tahtmisi ja loodud kalduvused toodavad loodud tahtmisi. Loodud tahtmine muutub läbi harjumuse aja jooksul loomulikuks tahtmiseks. Tahtmine loob valu, mistahes sorti see ka ei oleks. Mida rohkem tahtmisi meil on, seda suurem on valu võimalikkus – sest mida enam tahtmisi meil on, seda raskem on neid täita ja mida rohkem neist tahtmistest jääb rahuldamata, seda suurem on valu. Suurendage soove ja tahtmisi ning valu suureneb samuti. Seega, kui soov ei leia kohest rahuldust või leiab takistuse, siis valu suureneb koheselt.

Ja mis on soov? See pole midagi muud kui uus mõistuse seatud rahutust tekitav tingimus – mõistuse loodud ja seltskonna kujundatud kapriis. Seega on valu ja hädade allikaks soov ehk mõistuse ärevate seisundite rohkendamine. Samuti on viga otsida tahtmiste rahuldamise võimalusi, esmalt neid luues ja suurendades ja seejärel püüdes neid rahuldada – selle asemel, et neid kohe alguses vähendada.

Võib tunduda, et vahel tekib valu ilma eelneva soovita – näiteks haavast põhjustatud valu. Siin on tegemist meie mõistuses teadlikult või alateadlikult esineva sooviga jääda terveks. See soov on juba algselt meie psüühikasse kristalliseerunud ning seetõttu vastuolus ülaltoodud juhtumiga. Seega, kui teatud ärev mõistuse seisund soovi näol rahuldust ei saa või kõrvaldatakse, siis järgneb sellele valu.

Kuna soov viib valuni, siis viib ta ka naudinguni – ainus vahe on selles, et esimesel juhul ei saanud soovis peitunud tahtmine rahuldatud, teisel juhul rahuldub sooviga kaasnev tahtmine välise objekti kohaloleku kaudu.

Kuna asjade kaudu oma tahtmise rahuldamise nauditav kogemus ei püsi, vaid sureb, siis jääb meile neist vaid mälestus, mis selle tahtmise näiliselt kõrvaldasid. Seega elustub mälu kaudu soov nende asjade järgi edaspidigi, tekib uus tahtmise tunne, mis viib rahuldamatuse puhul taas valuni.

Nauding on topelt-teadvus

Nauding on soovitud asjade omandamisest elevus-teadvuse ja valutust asjade tahtmise teadvusest koosnev topelt-teadvus. Selles on olemas nii tunde kui mõtte elemendid. See hiljem kogetud „kontrast-teadvus", st kogu teadvus (kuidas ma tundsin valu, kui mul soovitud objekti polnud ja kuidas mul nüüd enam pole valu, kui olen soovitud asja omandanud) ongi see, millest naudingu võlu põhiliselt koosneb.

Seega me näeme, et naudinguteadvusele eelnevad tahtmine ja selle täitmine. Seega tegeleb naudinguteadvus tahtmiste tekitamise ja tahtmiste rahuldamisega. Mõistus loob tahtmisi ja ka rahuldab neid.

On suur viga omale pähe võtta, et teatud asjad on olemuslikult nauditavad ja loota, et nende abil saab tulevikuski oma tahtmisi rahuldada. Kui asjad oleksid iseenesest naudingut pakkuvad, siis võiks sama toit ja riietus alati kõigile meeldida, kuid nii see paraku pole.

See, mida nimetatakse naudinguks, selle on loonud mõistus – *see on eksitav elevuse seisund, mis sõltub eelneva sooviseisundi rahuldamisest ja käesolevast kontrast-teadvusest*. Mida enam arvatakse mõnd asja naudinguteadvust erutavat ja mida enam seda soovi hellitatakse, seda suuremat ihaldust see tekitab – arvatakse, et soovitu saamine loob naudingu ja selle puudumine tahtmise. Mõlemad seisundid viivad meid lõppude lõpuks valuni.

Kui me tõesti tahame valu vähendada, siis peaksime nii palju kui võimalik vabastama oma mõistuse kõigist soovidest ja tahtmistest. Kui soov teatud asja järele on minema peletatud, ei kerki enam naudinguteadvuse eksitavaid sunde, isegi kui see asi on otse meie nina all.

Kuid selle asemel, et tahtmisi piirata või väiksemaks

muuta, oleme me harjunud neid suurendama. Ükshaaval oma tahtmisi rahuldades loome neid aina uusi ja erinevaid, millega kaasneb soov neid kõiki rahuldada. Näiteks alustame tahtmisest teenida raha ettevõtlusega. Selleks, et äri ajada, peame pöörama tähelepanu tuhandetele tahtmistele ja vajadustele, mida äriajamine endaga kaasa toob. Iga tahtmine ja vajadus sisaldab omakorda endas järgnevaid tahtmisi, enamat tähelepanu ja nii edasi.

Niiviisi me näeme, et algne rutt raha järele kasvab uute tahtmiste ja huvide tekkimisega tuhandekordseks. Muidugi ei tähenda see, et ettevõtte juhtimine, omamine ja rahateenimine on halb või mittevajalik. Iva seisneb selles, et on halb tekitada aina suuremaid ja suuremaid tahtmisi.

Abinõude ekslik eesmärgiks pidamine

Kui me mingil eesmärgil ette võetud rahateenimise käigus muudame raha oma eesmärgiks, hakkab hullus pihta. Sest vahendid on muutunud eesmärgiks ja tõeline lõppsiht on silmist kadunud. Ja nii meie hädad peale hakkavadki. Selles maailmas on meist igaühel omad kohustused täita. Vaadakem näitena järgnevat juhtumit.

Abielumees peab oma pere ülalpidamiseks raha teenima. Ta alustab tegevust mingi ettevõtlusega ja hakkab tähele panema teatud detaile, mis selle edukaks teevad. Mis siis nüüd aja jooksul juhtub? Äri läheb edukalt ja raha koguneb palju enam, kui pere ja tema enda tahtmisteks vaja läheb.

Nüüd juhtub üks kahest: kas hakatakse teenima raha raha pärast ja piiramatult sissetungivate kummaliste naudingute rahuldamiseks, või juhtub, et äriga tegelemine muutub hobiks, mis püsib või kasvab veelgi. Mõlemal juhul me näeme, et lõppsihiks olnud elementaarsete vajaduste vaigistamise vahend on muutunud eesmärgiks endaks: raha ehk äri on muutunud eesmärgiks.

Või juhtub nii, et luuakse uusi ja mittevajalikke tahtmisi, mis väljenduvad uute asjade näol, mida me peame ekslikult oma loomuse tõttu naudinguks ja mis muutuvad eesmärgiks. Mõlemal juhul triivib meie ainus tähelepanu ära õndsuselt.

Samal ajal siht, mille nimel me ettevõtlusega ilmselt alustasime, muutub tegevuste, tingimuste või vahendite suurendamise kõrval teisejärguliseks. Tegevusi, tingimusi või vahendeid suurendama asudes hoitakse silme ees ergutavalt mõjuvat mentaalset mälupilti minevikust, mil need tingimused naudingut suurendasid.

Kui soov on täidetud, tekib nauding, kui ei, siis valu – loomulikult otsib soov vastavate tingimuste loomise kaudu rahuldust. Ja kuna nauding sünnib soovist ja on seotud mööduvate asjadega, siis viib ta meid elevuse ja valuni, kui need asjad kaovad. Niiviisi meie hädad peale hakkavadki.

Lühidalt: algse eesmärgi asemel, milleks oli füüsiliste vajaduste rahuldamine, muutuvad meie sihiks vahendid –kas ettevõtlus ise või selle kaudu saabuva jõukuse kokkukuhjamine või vahel uute tahtmiste loomine. Ja kuni me neis naudingut leiame, pühib see meid valusse, mis, nagu öeldud, on alati naudingu kaudseks tulemuseks.

See, mis käib rahateenimise kohta, vastab tõele ka kõigi muude tegevuste kohta selles maailmas. Kus iganes me unustame oma tõelise sihi – õndsuse saavutamise, seisundi, tingimuse või sellise eluviisi, mis viimaks selleni viib – ja suuname kogu oma tähelepanu asjadele, mida peame ekslikult õndsuse saavutamise vahenditeks või tingimusteks ja muudame nood eesmärkideks, siis kasvavad üha meie tahtmised, soovid ja ergutajad ning me alustame uuesti oma teed hädade ja valu juurde.

Me ei peaks iial unustama oma eesmärki. Peaksime oma soovidele ja tahtmistele piirid seadma, mitte neid aina ja aina suurendama, sest see toob meile lõpuks häda kaela. Ma ei pea siin silmas esmavajaduste rahuldamist, mis kerkivad esile meie suhtest maailmaga, samal ajal ei peaks me ka muutuma laisklevateks unistajateks ja idealistideks, kes eiravad oma panust inimkonna arengu edendamisel.

Kokkuvõtteks näeme, et valu tuleneb soovist ja kaudselt ka naudingust, mis plingib nagu valemajakas, meelitades inimesi tahtmiste mädasohu – muutmaks neid alatiseks armetuks.

Seega näeme siin, et soov on kogu häda ja viletsuse algpõhjuseks, mis kerkib esile Ise samastamisel mõistuse ja kehaga. *Eemaldumaks meeltega samastumisest, on meil vaja tappa klammerdumine.* Peaksime vaid rebima katki kiindumuse ja samastamise nööri. Me peaksime mängima endi rolle kogu mõistuse, intellekti ja kehaga nii, nagu Suur Lavameister on ette näinud, samas jäädes seesmiselt naudingust ja valuteadvusest mõjutamata ja rahulikuks, nagu jäävad rahulikuks näitlejad laval.

Õndsuse-teadvus kerkib esile keha-teadvuse katkestamisel

Kui meis tekib osavõtmatus või rebeneb samastumine, kerkib esile õndsuse teadvus. Nii kaua, kuni olete inimolevus, on teil ka soovid. Kuidas aga teostada enda jumalikkus inimesena? Esmalt olgu teie soovid arukad, seejärel harjutage end soovima õilsaid asju, püüdes oma teel saavutada õndsuse-teadvust. Te tunnete, et teie erinevate soovide külge seotud individuaalse kiindumuse nöör katkeb automaatselt.

Võiks öelda, et te õpite lõpuks õndsuse rahulikust keskmest oma pisikesi soove endast ära tõukama ja tundma vaid neid, näib innustavat teis peituv suur seadus. Nii nagu Jeesus Kristus ütles: „Sündigu Sinu, mitte minu tahtmine!"[2]

Kui ma ütlen, et õndsuse saavutamine on religiooni lõpuosa, tema siht, siis ei pea ma õndsuse all silmas seda, mida tavaliselt kutsutakse naudinguks ega ka mitte seda intellektuaalset rahuldust, mis tuleneb erutusega segatud soovide ja tahtmiste rahuldamisest. Või nagu me ütleme, et oleme nauditavalt erutatud. Õndsuses ei ole erutust, ega põhine see ka vastandlikkusel, kus vabanetakse valust tänu sellele või tollele. See on täiusliku rahu teadvus – meie rahuliku loomuse teadvus, millesse ei tungi mõte sellegi kohta, et valu enam ei ole.

Toon ühe selgitava näite: mul on haav, ma tunnen valu. Kui see on terveks ravitud, tunnen naudingut. See naudingut pakkuv seisund koosneb erutusest ehk tundest ja pidevast teadmisest, et mu haav ei valuta enam.

Nüüd siis tunneb õndsuse saavutanud inimene tervenedes (isegi kui ta võis füüsiliselt haavata saada), et tema seesmise rahu seisund ei saanud kunagi häiritud, ei siis kui haav valutas ega ka pärast, kui inimene oli terveks saanud. Ta tunneb, et läbib valu ja naudingu universumit millega tal pole tegelikkusel mingit pistmist ja mis ei saa temas katkematult voolavat rahulikku õndsat seisundit häirida ega seda suurendada.

See õndsuse seisund on vaba mõlemast: naudingu ja valuga kaasnevast kalduvusest ja erutusest.

Õndsuse-teadvusel on olemas nii positiivne kui negatiivne tahk. Negatiivseks tahuks on naudingu- ja valuteadvuse puudumine. Positiivseks aga ülima rahu transtsendentne seisund, mis sisaldab endas suure avardumise teadvust ning „kõike Ühes ja Ühte kõiges". Sellel on omad

[2] Luuka 22:42.

kanguskraadid. Tõsimeelne tõeotsija saab seda väheke maitsta, nägija või prohvet on sellega täidetud.

Nauding ja valu pärinevad soovist ja tahtmisest – õndsust soovides peaks olema meie kohuseks peletada kõik teised soovid, jättes alles vaid soovi meie tegeliku olemuse – õndsuse enda järele. Kui kõik meie teaduslikud, ühiskondlikud ja poliitilised edusammud on juhitud sellest ühest kõikehõlmavast sihist (kõrvaldada valu), miks peaksime me siis tooma sisse midagi võõrast (naudingut) ja unustama enda kestva kinnistumise seesmises rahus ehk õndsuses?

See, kes rõõmustab nautides head tervist, tunneb vältimatult vahetevahel ka haigusest tulenevat valu, sest nauding sõltub meie mõtetest ning tervise kohta käivatest arusaamadest. Hea tervis ei ole halb ega pole halb ka selle püüdlemine. Kuid tervisesse kiindumine, lastes end sel seesmiselt mõjutada, on see, millele me vastu vaidleme. Kiindumine tähendab soovi, mis omakorda viib meid hädadeni.

Me peame tervise poole püüdlema mitte naudingute pärast, vaid selleks, et meil oleks võimalik täita kohustusi ja saavutada sihte. Tervisele vastandub aeg-ajalt selle vastupidine seisund, haigus. Kuid õndsus ei sõltu mingist konkreetsest välisest ega seesmisest tingimusest. *See on Vaimu sünnipärane ehk igiomane seisund.* Seetõttu pole sel hirmu sattuda vastamisi ühegi teise seisundiga. See voolab igavesti – nii kaotuses kui edus, haiguses kui tervises, külluses või vaesuses.

III OSA

JUMAL ON ÕNDSUS

Kõigi tegude ühine motiiv

Eelnenud psühholoogiline arutelu valust, naudingust ja õndsusest koos kahe järgneva näitega teevad selgeks mu kontseptsiooni kõrgemast üldisest vajadusest ja Jumalusest, mida alguses korraks puudutasime.

Ma märkisin alguses, et olles jälginud inimeste tegevust lähemalt, peaksime taipama, et valdavalt on inimtegevuse motiiviks vältida valu, sellele järgneb õndsuse ehk Jumala saavutamine. Esimene osa motiivist – valu vältimine on midagi, mida me ei saa eitada, kui vaatleme kõiki maailmas tehtud häid ja halbu tegusid.

Võtkem näiteks enesetappu kavatseva inimese juhtum ja siia kõrvale religioosse inimese juhtum, kes tunneb maailma asjade suhtes täielikku vastumeelsust. Pole kahtlust, et mõlemad inimesed püüavad vabaneda neid vaevavast valust – mõlemad püüavad valust lõplikult vabaneda. Iseküsimus, kas neil see ka õnnestub, kuid kuni asi puudutab motiive, valitseb siin ühtsus.

Kuid kas selles maailmas on kõik teod *otseselt* ärgitatud kõigi tegude üldise motiivi teisest osast – soovist Jumala ehk püsiva õndsuse saavutamise järele? Kas kurjategija otsene motiiv on õndsuse saavutamine? Vaevalt küll. Põhjus sai välja toodud naudingu ja õndsuse teemalises arutluses. Leidsime, et vaimse Ise samastamine kehaga tekitab harjumuse anda järgi oma soovidele ja sellest tulenevalt luuakse

pidevalt juurde uusi tahtmisi. Need soovid ja tahtmised vii-
vad rahuldamatuse puhul valuni või kui need saavad asjade
abil rahuldatud, siis naudinguni.

Kuid siin teeb inimene saatusliku vea. Kui tahtmine on
täidetud, saab inimene nauditava erutuse, samas ebaedu
korral suunab ta oma tähelepanu vaid seda erutust loonud
asjadele ning oletab, et need on naudingu peamisteks põh-
justeks. Ta unustab täielikult, et kõigepealt tekitas temas
erutust soov või tahtmine millegi järele. Eelneva erutuse
ületab naudinguna näiline teadmine peagi saabuvatest asja-
dest. Seega kerkib mõistuses esile üks erutuse seisund teise
järel, järgmine ületab eelmise.

Väliste asjade tähendus on juhuslik, see ei mängi rolli.
Vaese soovi maiustuste järele võib täita tavaline maius – see
kasvatab naudingut. Rikka inimese maiustuste soovi võib
vahel rahuldada vaid parimate küpsetistega ning see pakub
talle sama suurt naudingut kui vaesele. Kas siis nauding sõltub
välistest asjadest või mõistuse seisundist? Kindlasti viimasest.

Kuid nagu me ütlesime, on nauding erutusseisund.
Soovimisest tekkiv erutus asendatakse saamisega seonduva
erutuse või naudinguga. Selliselt jätkates ei lõpe meie erutus
iial ja niiviisi ei kao kunagi ka meie valu ja hädad.

Vaid õndsuse-teadvus võib tõhusalt erutust peatada

Me peaksime peatama soovimisega kaasneva erutuse ja
mitte jätkama naudingut tõotava erutusega. Seda saab või-
malikult tõhusalt peatada vaid õndsuse-teadvuse abil, mis ei
ole mitte kalkus, vaid ükskõiksus valu ja naudingu suhtes.
Iga inimolevus püüab soove rahuldades õndsust saavutada,
kuid ekslikult peatub ta naudinguni jõudes – seega ei lõpe
tema soovid iial ja ta uhutakse valu keeristormi.

Nauding on ohtlik valemajakas, kuid just naudinguga seonduvast saab meie tuleviku tegude motiiv. See on tõestatult petlik nagu kõrbes nähtud miraaž. Nagu eespool sai öeldud, koosneb nauding erutusest ja lisaks vastandlikkuse teadvustamisest. Kui praegu valu enam ei ole, sihime me õndsuse asemele hoopis naudingut ja valmistume tormama pea ees sellesse ignorantse olemise tsüklisse, mis toob lõppematu järjestusega valu ja naudingut. Me kogeme hirmsat muret, kui meie vaatenurgas asendub õndsus naudinguga.

Seega me näeme, et kuigi inimkonna tõeliseks eesmärgiks on vältida valu ja saavutada õndsus, siis püüdes vältida valu, teeb inimene saatusliku vea ja jahib naudingu-nimelist eksitavat miskit, pidades seda vääralt õndsuseks.

Seda, et üldine ja kõrgeim vajadus on saavutada õndsus, mitte nauding, näitab tõsiasi, et üks naudingu objekt ei rahulda inimest iial. Ta lendab alati ühelt teisele: rahalt riietele, riietelt kinnisvarale, sealt edasi kooselunaudingu juurde – selles on vaid rahutu kestvus. Ja nii satub ta aina ja uuesti valu sisse, isegi kui ta soovib seda enda arvates õigete vahendite omandamisega vältida. Kuid südamesse näivad alatiseks jäävat tundmata ja rahuldamata igatsused.

Kuid religioosne inimene (teine isik, keda ma näitena välja pakkusin) soovib alati omandada õigeid religioosseid vahendeid, mille läbi saab ta ühendust õndsuse ehk Jumalaga.

Muidugi, kui ma ütlen, et Jumal on õndsus, siis pean ma silmas, et Ta on ka alatiolev ja oma õndsast olemasolust teadlik. Ja kui me soovime igavest õndsust ehk Jumalat, siis toob see koos õndsusega kaasa igavese, surematu, muutumatu ja alati-teadvel olemasolu. Nagu on tõestatud, soovivad kõik need meie osad – kõige madalamast kuni kõige kõrgemani – olla õndsuses, lähtudes *a priori* oma motiividest ja tegudest.

Korrates seda argumenti veidi erineval moel: oletagem, et mõni kõrgeim olend tuleb meie juurde ja ütleb kõigile Maa inimestele: „Teie, maailma olevused! Ma annan teile igavese kurbuse ja viletsuse koos igavese eluga – kas te võtate selle vastu?" Kas kellelegi selline väljavaade meeldiks? Ei kellelegi. Kõik tahavad igavest õndsust (*Anandat*) koos igavese olemisega (*Sat*). Maailma motiive uurides ilmneb tõsiasi, et kõigile meeldiks olla õndsuses.

Sarnaselt sellele ei meeldi kellelegi hävineda ja kui seda keegi soovitab, siis käivad meil judinad üle keha. Kõik soovivad elada igavesti (*Sat*). Aga kui meile antaks igavene elu, ent me ei *teadvustaks* seda, siis me loobuksime sellest. Sest kes sooviks sellist unes olemist? Mitte keegi. Me tahame kõik teadlikku olemasolu.

Kokkuvõtteks: me tahame igavest, õndsusrikast, teadlikku olemasolu: *Sat-Tšitt-Ananda* (Olemine-Teadlikkus-Õndsus). See on hindude antud nimi Jumalale. Ainult pragmaatilistel kaalutlustel rõhutame me Jumala õndsuslikku aspekti ja enda motiivi õndsuse saavutamise ning jätame välja *Sat* ja *Tšitt* tahud, st *teadliku olemasolu* (samuti teised siinkohal käsitlemata tahud Jumalast).

Mis on Jumal?

Nüüd siis küsimus – mis on Jumal? Kui Jumal oleks midagi muud kui õndsus ja Tema kontakt meiega tekitaks midagi, mis ei oleks õndsus, või tekitaks meis vaid valu, ehk kui Tema kontakt ei kõrvaldaks meie sees valu, kas me siis tahaksime Teda? Ei. Kui Jumal on meie jaoks midagi täiesti kasutut, siis me Teda ei taha. Mis kasu on Jumalast, kes jääb alati tundmatuks ja kelle seesmine kohalolek ei ilmuta end meie *sees* vähemasti mõnes meie elu olukorras?

Mis iganes kontseptsiooni me Jumalast ka ei kujundaks (nagu „Ta on kõikeületav" või „Ta asub kõiges"), kui seda reaalselt ei tunta, siis jääb see ähmaseks ja ebaselgeks. Tegelikult hoiame me Jumala turvalises kauguses, kujutledes Teda vahel enda jaoks isikulise olendina ja seejärel mõtleme Temast jälle kui *teoreetiliselt* meis olevast.

Tänu meie Jumala-idee ja -kogemuse ähmasusele ei ole me võimelised hoomama tegelikku vajadust Tema järgi ja religiooni pragmaatilist väärtust. See värvitu teooria või idee ei suuda meid veenda. See ei muuda meie elusid, ei mõjuta märgataval viisil meie käitumist ega pane meid tundma Jumalat.

Tõestus Jumala olemasolust asub meie sees

Mida räägib Universaalne religioon Jumalast? Ta ütleb, et tõestus Jumala olemasolu kohta asub meis. See on seesmine kogemus. Te võite kindlasti meenutada ühte hetke oma elust, kus te tundsite oma palves või jumalateenimises, et teie kehakammitsad olid peaaegu haihtunud ning et naudingu ja valu, tühise maise armastuse, vihkamise ja teiste kogemuste duaalsus oli teie mõistusest taandunud. Puhas õndsus ja seesmine rahu täitsid teie südame ning te nautisite tüünet rahu – õndsust ja rahulolu.

Kuigi sellist laadi kõrgem kogemus ei ilmu kõigile just tihti, ei pruugi samas olla jälle mingit kahtlust, et kõik inimesed on mingil ajal, kas palves, jumalateenimise viisis või meditatsioonis nautinud mõnd segamata rahu hetke.

Kas pole see tõestuseks Jumala olemasolust? Millist otsest tõestust saame me anda Jumala olemasolust ja olemusest, peale meis endis tõelise palve või Jumala-teenimise ajal oleva õndsuse? Kuigi on olemas ka kosmoloogiline tõestus Jumala olemasolust – meie kujunemine tagajärjest põhjuseni, maailmast Maailma-Tegijani. Ja seal on olemas ka teleoloogiline tõestus – me tõuseme maailmas *telosest* (plaanist, sobitamisest) Ülima Arukuseni, kes teeb plaane ja need kooskõlla viib. Samuti on olemas ka moraalne tõestus: südametunnistuses ja täiuslikkuse tundes küündime me Täiusliku Olendini, kellele võlgneme oma vastutustunde.

Ja ikkagi peame me tunnistama, et need tõestused on vähem või rohkem järeldused. Meil ei saa olla täielikku ega otsest teadmist Jumalast läbi intellekti piiratud võime. Intellekt võimaldab meile asjadest vaid osalist ja kaudset vaatepilti. Intellekti kaudu ei saa vaadelda seda, millega oled üks – vaid eraldi, lahus olles, saad intellekti kaudu asju vaadelda. Kuid intuitsioon, mida me selgitame hiljem, on otsene arusaam tõest. Just intuitsioonis teostatakse-mõistetakse õndsuse- ehk Jumala-teadvust.

Pole kahtluse varjugi, et õndsuse-teadvus ja Jumala-teadvus on samad, sest kui meil on õndsuse-teadvus, siis tunneme, et meie kitsas individuaalsus on ümber kujundatud ja et me oleme tõusnud kõrgemale väikse armastuse ja vihkamise, naudingu ja valu duaalsusest ning saavutanud taseme, kust vaadatuna tunduvad tavateadvuse valulikkus ja väärtusetus silmatorkavalt ilmsed.

Me tunneme seesmist avardumist ja embavat kaastunnet kõigi asjade suhtes. Maailma mäslemised surevad, erutused kaovad ja meis näib ärkavat „kõik Ühes ja Üks kõigis" teadvus. Ilmub kuulsusrikas nägemus valgusest. Kogu ebatäiuslikkus, kogu nurgelisus upub olematusse. Tundub, nagu oleksime kantud kusagile mujale, alalise õndsuse allikasse, ühe lõppematu jätkuvuse algpunkti. Kas pole siis õndsuse-teadvus seesama Jumala-teadvus, kus ilmuvad ülaltoodud teostumise seisundid?

Seega on ilmne, et kui püüda tuua Jumalat igaühe rahu-
liku kogemuse ulatusse, on parim moodus Tema kujutami-
seks õndsus. Ja siis pole Jumal enam mingi eeldus, mille üle
võiks teoretiseerida. Kas pole see siis õilsaim kontseptsioon
Jumalast? Teda saab tajuda palvuses või Jumala-kummar-
damisest inspireeritud meditatsioonis meie südameis end
ilmutavat õndsusena.

Religioon muutub *üldvajalikuks*, kui Jumalat tajutakse õndsusena

Kui tajume ja kujutame Jumalat ette vaid sel viisil –
õndsusena, alles siis muutub religioon universaalselt vajali-
kuks. Keegi ei saa eitada, et tahab saavutada õndsust ja kui
ta soovib selleni jõuda õigel viisil, muutub ta religiooseks
juba õndsusena südamele nii kallile Jumalale lähenemise ja
Tema tunnetamise kaudu.

See õndsuse-teadvus ehk Jumala-teadvus võib esineda
läbivalt kõigis meie tegudes ja meeleoludes, kui seda vaid lu-
bame. Kui sellest tugevasti kinni hoiame, oleme võimelised
hindama inimese iga teo ja motiivi väärtust.

Kui me oleme kord veendunud, et õndsuse-teadvuse
saavutamine on meie religioon, meie siht, meie viimne lõpp,
haihtuvad kõik kahtlused selle maailma erinevate uskude
mitmekesiste õpetuste, ettekirjutuste ja keeldude tähenduse
ja mõtte osas. Kõike saab siis seletada seda kirjeldava kas-
vutasandi valguses.

Siis särab Tõde täiega, laheneb olemasolu müsteerium
ja meie eludetailidele langev valgus toob esile erinevad teod
ja motiivid. Oleme siis võimelised eraldama alasti tõde reli-
gioossete doktriinide välistest lisandustest. Näeme konvent-
sioonide väärtusetust, mis juhivad inimesi nii tihti väärale

teele ja tekitavad nende vahel erisusi.

Veelgi enam – kui religiooni niiviisi mõista, pole selles maailmas ühtki inimest, olgu ta siis poiss, nooruk või vanake, kes ei saaks seda praktiseerida – olgu tal siis mistahes tegevusala – õpilane, tööline, jurist, doktor, puusepp, õpetlane või filantroop. Kui religiooniks on tahtmiste kaotamine ja õndsuse saavutamine, kes püüaks siis olla mittereligioosne, kui talle õiged meetodid kätte näidata?

Siinkohas pole küsimus religioonide erinevuses – ei Kristuse, Muhamedi ega Sri Krišna omas. Igaüks selles maailmas püüab olla vältimatult religioosne ja võib õigete vahendite abil püüelda palju enamat. Siin ei ole mingit eristamist seisuse, usutunnistuse, sekti või usundi, riietuse, kliima, vanuse, soo, elukutse või positsiooni alusel. Sest see religioon on kõikehõlmav.

Kui te ütlete, et kõik maailma inimesed peaksid teadvustama Sri Krišnat enda Päästjana, kas siis kristlased ja moslemid seda aktsepteeriksid? Kui te ütlete kõigile, et nad peaksid Jeesust oma Issandaks pidama, kas siis hindud ja moslemid seda teeksid? Ja kui te pakute kõigile prohvetiks Muhamedi, kas siis kristlased ja hindud sellega nõustuksid?

Aga kui te ütlete: „Oo, mu kristlastest, moslemitest ja hindudest vennad, teie Jumal on Alati-Õnnis Teadlik Olemine," kas nad ei võta seda omaks? Kas nad lükkavad selle tagasi? Kas nad mitte ei nõua Teda kui Ainsat, kes kõik nende hädad lõpetab?

Samuti ei saa keegi pääseda kokkuvõtvast ütlusest, et kristlased, hindud ja moslemid ei võta Jeesust, Krišnat ja Muhamedi Issanda Jumalana – neid on peetud vaid Jumala lipukandjaiks, jumalikkuse inimkehastusteks. Mis siis kui keegi ei mõtle niiviisi? Kas pole mitte Jeesuse, Krišna, Muhamedi kehalised isikud need, mis meid kõige rohkem paeluvad ja samas ei ole me niivõrd huvitunud nende kohast ajaloos.

Nad pole meile ainuisikuliselt meeldejäävad mitte oma erineva ja huvitava tõe jutlustamise viisi tõttu. *Me austame neid, sest nad teadsid ja tundsid Jumalat.* See on just too tõsiasi, mis meid nende ajaloolise olemasolu ja paljutahulise tõeväljendamise juures köidab.

Kas nad kõik mitte ei mõistnud Jumalat õndsusena ja ei ilmutanud tegelikku õnnistatust tõelise vagadusena? Kas pole see piisavaks ühtsuse sidemeks nende vahel – jättes kõrvale teised Jumaluse tahud ja tõe, mida nad teostasid ning väljendasid? Kas ei peaks mitte kristlane, hindu ja moslem huvituma teineteise prohvetitest, kuna kõik nad saavutasid Jumala-teadvuse? Kuna Jumal ühendab kõigi religioone, siis on Tema teostamine õndsusena kõigi religioonide prohvetite teadvuse ühendajaks.[1]

Meie vaimsed püüdlused täituvad Jumalas ehk õndsuse-teadvuses

Inimene ei peaks mõtlema, et toodud Jumala-kontseptsioon on liiga abstraktne. Et sel pole mingit pistmist meie vaimsete lootuste ja püüdlustega ja need ei vaja kontseptsiooni Jumalast kui personaalsest olevusest. Siin ei ole tegemist impersonaalse olevuse kontseptsiooniga, nagu seda tavaliselt mõistetakse, ega pole see ka kitsalt tajutud personaalse olevuse kontseptsioon.

Jumal ei ole isik, nagu meie oma väiksuses seda oleme.

---

[1] Õndsuse-teadvust on samuti rõhutatud nn ateistlikes religioonides, nagu budism. Budistlik nirvaana ei ole see, mida lääne kirjamehed ekslikult „valgusest välja puhumiseks" või olemasolu lõpuks peavad. See on pigem tasand, kus kitsas individuaalsus kaob ja kus jõutakse rahuliku kõikehõlmava olekuni. Just see avaldubki kõrgemas õndsuse-teadvuses, kuigi budistid ei liida sinna Jumala nime.

Meie olemus, teadvus, tunded ja tahe on vaid Tema olemuse, teadvuse ja õndsuse vari. Ta on isik transtsendentses tähenduses. Meie olemus, teadvus ja tunnetus on piiratud ja kogemuslik, Tema oma piiramatu ja kõikeületav. Tal on impersonaalne ja absoluutne tahk, kuid me ei peaks mõtlema, et Ta on väljaspool igasugust kogemist – ka meie seesmist kogemist.

Ta jõuab meieni kõigis rahu-kogemustes. Õndsuse-teadvuses me teostamegi Teda. Tema olemasolust ei saa olla ühtki teist otsest tõestust. Temas kui õndsuses teostuvad meie vaimsed lootused ja püüdlused ning meie pühendumine ja armastus leiab objekti.

Ei saa nõuda kontseptsiooni personaalsest olevusest, kes pole muud kui meie, aga palju suurem. Jumal võib olla või saada kõigeks – isikuks, ebaisikuliseks, kõige armulisemaks, kõikvõimsaks ja nii edasi. Meie eesmärkide, lootuste, püüdluste ja meie täiuslikkusega sobib kõik täpselt – mis iganes kontseptsiooniga me ka välja tuleme.

Samuti ei pea me mõtlema, et toodud Jumala kontseptsioon teeb meist unistavad idealistid, lõigates meist ära ühenduse meie kohustuste ja vastutusega, rõõmude ja muredega, praktilise maailmaga. Kui Jumal on õndsus ja kui me püüdleme Tema tundmiseks õndsuse suunas, ei pruugi me jätta unarusse oma kohustusi ja vastutust maailmas. Neid silmas pidades võime me endiselt tunda õndsust, sest õndsus on väljaspool neid. Õndsuses ületame me maailma rõõmud ja kurbuse, kuid me ei ületa maailmas õigete tegude tegemise vajadust.

Eneseteostuse saavutanud inimene teab, et Jumal on Tegija – kogu vägi tegude tegemiseks voolab meisse Temast. Too, kes on keskendunud oma vaimsele Isele, tunneb end kõigi tegevuste kiretu pealtnägijana – kas ta siis näeb, kuulab, tunneb, nuusutab, maitseb või läbib maa peal teisi erinevaid kogemusi. Olles süüvinud õndsusse, elavad sellised inimesed Jumala tahtele vastavalt.

Kitsas egoism haihtub, kui viljeleme kiindumatust. Me tunneme, et mängime maailma näitelaval meile määratud rolle, olemata seesmiselt mõjutatud heaolust ja hädadest, armastusest ja vihkamisest, mida rolli mängimine endas kätkeb.

Suur elumäng

Maailma võib igas aspektis võrrelda näitelavaga. Lavastaja valib välja inimesed, kes aitavad tal esitada teatud lavatükki. Ta jagab konkreetsetele isikutele vastavad osad – ja kõik nad teevad oma tööd vastavalt tema juhistele. Ühe paneb lavastaja mängima kuningat, teise ministrit, ühe teenijat, teise kangelast ja nii edasi. Üks isik peab mängima kurba, teine rõõmurikast osa.

Kui igaüks neist mängib oma osa vastavalt lavastaja juhistele, siis on näidend kogu oma koomiliste, tõsiste ja kurbade osade mitmekesisuses edukas. Isegi tähtsusetutel osatäitmistel on näidendis asendamatu koht.

Näidendi edu rajaneb iga rolli täiuslikul esitamisel. Iga näitleja mängib oma traagilist või koomilist osa tõetruult ja näib olevat oma rollist väliselt mõjutatud, kuid seesmiselt jääb ta sellest või portreteeritud kirgedest – armastusest, vihkamisest, kurjusest, kõrkusest ja alandlikkusest – puutumata.

Aga kui osa esitav näitleja samastas end teatud olukorra või näidendis väljendatud tundega ja kaotas oma individuaalsuse, siis peetakse teda pisut rumalaks. Toon siin teieni ühe loo, mis sellist olukorda valgustab.

Kord lavastati ühe rikka mehe majas *Raamajaana*[2]

---

[2] Muistse sanskritikeelse *Raamajaana* eepose lavastus *(kirjastaja märkus)*.

näidend. Näidendi jooksul avastati, et mees, kes pidi mängima Raama[3] teenijast sõbra Hanumani (ahvi) osa, oli kadunud. Oma kimbatuses krabas lavastaja kinni inetu Nilkamali nimelise ullikese ja püüdis panna teda Hanumani rolli mängima. Esiteks Nilkamal keeldus, kuid ta sunniti lavale ilmuma. Tema inetu väljanägemine kutsus vaatajates esile valju naeru ja nad hakkasid lõbusalt hüüdma: „Hanuman, Hanuman!" Nilkamal ei suutnud seda taluda. Ta unustas, et see oli vaid näitemäng ja röökis meeleheites: „Miks te, härrad, kutsute mind Hanumaniks!? Miks te naerate? Ma pole Hanuman. Lavastaja sundis mind siia sellisena tulema."

Selles keerulises maailmas ei ole meie elud midagi muud kui rollid näitemängus. Kuid kahjuks samastame me endid näitemänguga ja tunneme seepärast vastikust, kurbust ja naudingut. Me unustame Suure Lavastaja suunised ja ettekirjutused. Mängides eluvaatuses oma rolle, tunneme me kogu oma kurbust ja naudinguid, armastust ja vihkamist tõelisena – st me klammerdume, kiindume, see mõjutab meid.

See maailmanäitemäng on ilma alguse ja lõputa. Igaüks peaks Suure Lavastaja poolt talle antud rolli mängima nurisemata ja peaks tegema seda üksnes näitemängu enda pärast – kandma kurbi osi ette kurvalt ja olema rahul väljendades naudingut, iial end näitemänguga seesmiselt samastamata.

Samuti ei tohiks keegi ihaldada teise isiku rolli. Kui kõik selles maailmas mängiksid kuningat, siis kaoks näitemängu vastu nii huvi kui kaoks selle mõte.

Õndsuse-teadvuse saavutanu *tunneb* seda maailma lavana ja mängib oma osa nii hästi, kui saab, pidades meeles Suurt Lavastajat – Jumalat, teades ja tundes Tema plaani ja suunamist.

---

[3] *Raamajaana* keskne püha tegelaskuju *(kirjastaja märkus).*

IV OSA

NELI PÕHILIST RELIGIOOSSET MEETODIT

Vajadus religioossete meetodite järele

Me nägime esimeses kolmes osas, et meie valu, kanna-
tuste ja piirangute põhjuseks on vaimse Ise samastumine
keha ja mõistusega, selle samastumise tõttu tekitab valu ja
nauding meis erutust ning me oleme peaaegu pimedad nä-
gemaks õndsuse seisundit ehk Jumala-teadvust.

Kuna päikese tõelist kujutist ei ole võimalik märgata
liikuva vee pinnal, siis ei saa ka vaimse Ise tõelist õnnist
olemust – Universaalse Vaimu peegeldust – tajuda mõistuse
ja kehaga samastumisest tulenevas rahutuses. Kuna liikuv
vesi moonutab päikese tõelise kujutise, siis häiritud mõistus
moonutab alati õndsa seesmise Ise tõelise olemuse ning
samastub saadud kujutisega.

Selle peatüki eesmärgiks on uurida kõige kergemaid,
arukamaid ja põhilisemaid praktilisi meetodeid – mis va-
bastavad alati õndsa vaimse Ise tema hukutavast seosest ja
samastumisest mööduva keha ja mõistusega – pannes teda
jäädavalt vältima valu ja saavutama religioonis peituvat
õndsust.

Neid meetodeid tuleb pidada religioosseteks, sest vaid
nende kaudu saab vabastada vaimse Ise samastumisest keha
ja mõistusega ning seeläbi ka valust ja võimaldada jõuda
püsiva õndsuse ehk Jumalani.

Jumala Poeg ja Inimese Poeg

Kui Kristus nimetas end Jumala Pojaks, siis pidas ta silmas temas olevat Kõikehõlmavat Vaimu. Jeesus ütleb Johannese 10:36: „Sellele, kelle Isa on pühitsenud ja läkitanud maailma ... ma ütlesin: Mina olen Jumala Poeg."

Kuid teisel korral, kui Kristus kasutas teist fraasi – Inimese Poeg – siis pidas ta silmas füüsilist keha, inimese järeltulijat, teisest inimkehast sündinud ihu. Näiteks Matteuse 20:18-19 ütleb Jeesus järgijaile: „Vaata, me läheme üles Jeruusalemma ja Inimese Poeg antakse ülempreestrite ja kirjatundjate kätte ... ja need annavad ta paganate kätte ... risti lüüa."

Johannese 3:5-6 ütleb Kristus: „Kes ei sünni veest (*Aum* või *Aamen* – Püha Vaimu, kogu loodut ülalhoidva Nähtamatu Väe, Tema seesoleva Looja aspektis Jumala ookeanilaadne võnkumine) ja Vaimust, ei saa minna Jumala riiki. Lihast sündinu on liha ja Vaimust sündinu on Vaim." Need sõnad tähendavad, et kui me ei ületa keha ja ei teosta end Vaimuna, ei saa me siseneda kuningriiki ehk Kõikehõlmava Vaimu seisundisse.

See mõte kajab vastu hindu pühakirjade sanskritikeelses värsis: „Kui te ei ületa keha ja ei taju ennast Vaimuna, siis ei saa te olla igavesti õnnis – vabana kogu valust."

Niisiis on olemas neli põhilist, kõikehõlmavat religioosset meetodit ja kui neid igapäevaelus järgida, siis vabastavad nad aja jooksul vaimse Ise tema kehaliste ja mentaalsete liikumisvahendite kammitsatest. Nende religioossete meetodite nelja klassi loen ma kõiki võimalikke religioosseid praktikaid, mida on alati teha käskinud iga pühak, teadlane või Jumala prohvet.

Sektantluse päritolu

Prohvetid juurutasid religioossed praktikad doktriinidena. Piiratud arukusega inimesed, kellel ei ole õnnestunud nende doktriinide tõelist tähendust tõlgendada, võtavad omaks nende välise – eksoteerilise tähenduse ja langevad järk-järgult vormidesse, konventsioonidesse ja jäikadesse praktikatesse. See ongi sektantluse allikaks.

Sabati-päeval tööst puhkamist tõlgendati valesti, kui peeti silmas igasugusest tööst puhkamist – ka religioossest. See on ohuks piiratud arusaamisega inimestele. Me peaksime mõistma, et me ei ole tehtud *sabati* jaoks, vaid et *sabat* on tehtud meie jaoks. Me ei ole tehtud reeglite jaoks, vaid reeglid on tehtud meie jaoks – need muutuvad siis, kui meie muutume. Me peaksime kinni hoidma reeglite seesmisest olemusest, mitte dogmaatiliselt nende välisest vormist.

Vormide ja tavade vahetumine tähendab paljude jaoks ühe religiooni muutumist teiseks. Vaatamata sellele on kõigi erinevate prohvetite kõigi doktriinide kõige sügavam tõeline tähendus põhiolemuslikult sama. Enamik inimesi ei mõista seda.

Samaväärne oht on suure intellektiga inimeste puhul: nad püüavad Kõrgemat Tõde teada saada vaid intellektuaalselt, kuid Kõrgemat Tõde saab teada vaid teostades. Teostamine on midagi muud kui pelk arusaamine. Me ei suuda mõista intellektuaalselt suhkru magusust, kui me pole seda maitsnud. Täpselt samuti ammutatakse religioosset teadmist oma hinge sügavaimast kogemusest. Sageli me unustame selle, kui püüame Jumalast, religioossetest dogmadest ja moraalsusest rohkem teada saada. Me püüame harva neist teada saada läbi seesmise religioosse kogemuse.

On kahju, et suure intellektuaalse väega inimesed, kes on edukalt avastanud sügavaid tõdesid loodusteadustes ja teistes

Neli põhilist religioosset meetodit

teadmiste valdkondades, mõtlevad, et on võimelised mõistma kõrgemaid religioosseid ja moraalseid tõdesid. Samuti on kahju, et nende inimeste intellekt või arukus on kasutoomise asemel neile tihti takistuseks Kõrgema Tõe mõistmisel ainsa võimaliku vahendi, selle enda elus läbielamise osas. Vaadelgem religioosset kasvu iseloomustavat nelja meetodit.

Neli põhilist religioosset meetodit
1. Intellektuaalne meetod

Intellektuaalne meetod on üldiselt omaks võetud loomulik meetod, mis ei ole tõhus eesmärgi kiirel teostamisel.

Intellektuaalne areng ja edenemine on kulgenud loomulikul teel ning on olnud seega omane kõigile arukatele olenditele. See on meie eneseteadlikkus, mis eristab meid madalamatest loomadest, kes on teadlikud, kuid mitte eneseteadlikud.

Me näeme, et see teadvus muutub evolutsiooni protsessides ja tõusudes järk-järgult eneseteadvamaks – loomsest teadvusest areneb eneseteadvus. Teadvus püüab end samm-sammult vabastada ja iseenda kaudu end tundma õppida. Niiviisi on ta muutunud eneseteadvuseks. See muutus tekkis arengulisest vajadusest ja kõikehõlmav tung intellektuaalsete püüdluste suunas lähtub sellest arengulisest kalduvusest. Vaimne Ise, olles samastunud erinevat sorti ja kraadi kehaliste ning mentaalsete seisunditega, üritab järk-järgult ja loomulikult pöörduda tagasi iseendasse iseenda kaudu.

Teadliku mõtteprotsessi arendamine on üks meetoditest, mille vaimne Ise omandab keha ja mõistuse kammitsatest kõrgemale tõusmiseks. On loomulik Vaimse Ise

pingutus pöörduda tagasi iseendasse – oma kaotatud sei-
sundisse – mõtteprotsessi arendamise teel. See on maailma
hõlmav protsess.
Universaalne Vaim väljendab ennast erinevates aren-
gustaadiumites, madalamast kõrgemani. Kivis ja maapinnas
ei ole sellisel kujul elu ega teadvust, et me saaksime seda
tajuda. Puid iseloomustab vegetatiivne kasvamine ja mär-
kamatu elu, kuid mitte vaba elu ja seal pole üldse mingit
teadlikku mõtteprotsessi. Loomades on elu ja samuti tead-
vus elust. Inimeses – kulminatsioonipunktis, on elu, teadvus
sellest ja samuti Ise-teadvus (Enese-teadvus ehk teadlikkus
Isest ehk Tõelisest Minast).

Seega on inimese jaoks loomulik arendada end mõtte-
tegevuse ja arutluse, sügava raamatute uurimise, vaatlemise
ja loodusmaailma põhjuste ja tagajärgede töömahuka uuri-
mistegevuse kaudu.

Mida sügavamalt on inimene mõtteprotsessidest haa-
ratud, seda enam öeldakse ta olevat kasutanud „meetodit",
mille abil on ta maailma-evolutsiooni protsessi käigus saa-
nud selleks, kes ta on (st meetodi kaudu, kus teadvus areneb
Ise- ehk Enese-teadvuseks) ja ta läheneb – teadlikult või
ebateadlikult – Isele, Tõelisele Minale, sest *mõtteis tõuseme
me kehast kõrgemale.*

Selle meetodi kaalutletud ja hoolikas järgimine toob
kindlaid tulemusi. Olgugi, et mõtteharjutused parandavad
mõningal määral õppimist, teatud valdkonnas teadmiste
omandamist, ei ole need nii tõhusad, kui see mõtteprotsess,
mille ainsaks objektiks on kehast kõrgemale tõusmine ja tõe
nägemine.

Indias kutsutakse intellektuaalset meetodit tema kõrgei-
mas vormis *gnjaana joogaks* – tõelise tarkuse saavutamiseks
mõtisklemise ja eristamise kaudu, näiteks tuletades endale

pidevalt meelde: „Ma ei ole keha. Mööduv loomise näite-
mäng ei saa mõjutada mu Iset. Ma olen Vaim."
Üks selle meetodi defekte seisneb selle protsessi liigses
aegluses vaimse Ise eneseteostamisel. See võib võtta väga
palju aega. Sel ajal, kui vaimne Ise hakkab selle meetodi abil
ennast teadvustama, on ta ikkagi haaratud seeriatest tema
jaoks seosetute mentaalsete mõtete läbimisest.

Vaimu seesmine rahusolemine on midagi, mis on väl-
japool mõtet ja kehalist tunnetust, ent kui see on kord juba
saavutatud, voolab ta üle ka neisse.

2. Pühendumuslik meetod

See on püüe kinnitada meie tähelepanu ühele mõt-
teobjektile, selle asemel et kinnistuda mõtete seeria-tele ja
erinevatele teemadele (nagu intellektuaalse meetodi puhul).

Pühendumusliku meetodi alla kuuluvad kõik Juma-
la-teenimise meetodid – nagu näiteks palved (millest me
peaksime kõrvaldama kõik mõtted maistest asjadest).

Vaimne Ise peaks kinnitama oma tähelepanu sügavalt
ja austavalt ning ükskõik, millise objekti ta keskendumiseks
valib – kas mõtte isikustatud Jumalast või impersonaalsest
Kõikjalolemisest. Iva seisneb selles, et pühendunu peaks
keskenduma ühele pühendumuslikule mõttele *hästi siiralt*.

Selle protsessi kaudu vabaneb vaimne Ise järk-järgult
paljudest segavatest mõtetest – tervest segajate seeriast – ja
saab aega, et mõelda endast iseendas. Kui me siiralt palve-
tame, unustame kehalised aistingud ja juhime eemale kõik
sissetungivad mõtted, mis meie tähelepanu püüavad köita.

Mida sügavam on meie palve, seda intensiivsemat ra-
huldust me tunnetame. See muutub kriteeriumiks, mille
kaudu me mõõdame, kui lähedale oleme jõudnud Jumala

õndsusele. Meetodi ülimuslikkust ilmutavad asjaolud, et kehalised aistingud on jäänud seljataha ja uitavad mõtted on kontrolli all.

Kuid samas esineb selles meetodis teatud puudusi ja keerukusi. Tänu vaimse Ise pikalt kestnud kehakiindumusele ja kehaorjusele – sellele sügavale juurdunud harjumusele – osutub tähelepanu kõrvalejuhtimine kehalistelt ja mentaalsetelt aistingutelt võimatuks.

Kui palju inimene ka ei sooviks palvetada või siduda end kogu südamest ükskõik millise Jumala-kummardamise viisiga – vallutavad tema tähelepanu halastamatult ikkagi kehalised aistingud ja mälust ilmuvad põgusad mõtted. Palves kaldume me süüvima soodsatesse olukordadesse või oleme valmis kõrvaldama kehalise ebamugavuse põhjuseid.

Vaatamata kõigile teadlikele pingutustele, valitseb Ise soovide üle halb harjumus, millest on kujunenud meie teine loomus. Vastupidiselt meie soovidele muutub mõistus rahutuks ja nagu öeldakse – „kus iganes on teie mõistus, seal on ka teie süda". Meile on räägitud, et peaksime palvetama Jumala poole kogu oma südamest. Selle asemel leiame me palvetamise ajal, et meie mõistuse ja südame tähelepanu häirivad rändavad mõtted ja meelelised muljed.

3. Meditatsiooni meetod

See ja järgmine meetod on puhtalt teaduslikud, kaasates endas praktilist treeningukursust. Nende juhiste kirjapanijateks on suured targad, kes on isiklikult seda tõde mõistnud ja oma elus teostanud. Ma ise õppisin ühelt neist.

Neis meetodites ei ole mingit müsteeriumit, ega kahjulikku. Need on üldsobivad ja kerged, kui inimene on nendega korralikult tutvunud. Rakendatud teadmistest saadud tunnetus on parimaks tõestuseks nende paikapidavusest ja kasulikkusest.

Mediteerides regulaarselt, kuni see protsess harjumuseks muutub, võime me tekitada endale „teadliku une" seisundi. Me kogeme tavaliselt seda rahulikku ja naudingut pakkuvat rahuliku vaikuse seisundit just enne sügavat uinumist ja teadvuseta olekule lähenemisel või sellest väljatulemisel enne lõplikku ärkamist. Selles teadliku une seisundis vabaneme me kõigist mõtetest ja välistest kehalistest aistingutest ning Ise saab võimaluse mõelda iseendast – aeg-ajalt jõuab ta õndsasse seisundisse – vastavalt meditatsioonipraktika sügavusele ja sagedusele.

Selles seisundis oleme me ajutiselt ebateadlikud ja vabad kõigist kehalistest ja mentaalsetest Ise tähelepanu kõrvalejuhtivatest segajatest. Meditatsiooniprotsessi kaudu kontrollitakse väliseid ehk meelelisi organeid närve teadlikult vaigistades – sarnaselt unes juhtuvaga.

See meditatsiooniseisund on esmane ja mitte tõelise meditatsiooni viimane seisund. Teadlikus unes õpime me kontrollima vaid väliseid ehk meeleorganeid ning ainus vahe ongi selles, et tavalises unes valitseme meeleorganeid automaatselt, meditatsioonis teadlikult.

Varajases meditatsiooniseisundis allub vaimne Ise ikka veel erinevate organite segamisele – näiteks kopsude, südame ja teiste kehaosade mõjule, mille kohta arvame ekslikult, et neid pole võimalik kontrollida. [1]

Seetõttu peame otsima parema meetodi, sest kuni

---

[1] Meil puuduvad teadmised, nagu on need suurtel pühakutel ja teadjatel, kuidas anda siseorganeile puhkust. Kuna me oletame, et organite tegevust ei saa kontrollida, siis töötavad nad üle ja jäävad ühtäkki seisma, mille tähistamiseks kasutame terminit „surm" ehk „suur uni".

vaimne Ise ei ole võimeline lülitama tahtega välja kõiki kehalisi aistinguid – kaasaarvatud sisemisi, mis võivad põhjustada mõtete esiletõusu – jäädes neist segajaist haavatavaks, ei ole mingit lootust olukorda kontrolli alla saada. Enda tundmaõppimiseks ei jää aega ega võimalust.

4. Teaduslik jooga meetod

Apostel Paulus ütles: *„Ma suren iga päev."*[2] Selle all pidas ta silmas sisemiste organite kontrollimise protsessi. Ta võis oma vaimse Ise kehast ja mõistusest teadlikult vabastada – seda kogevad tavalised, treenimata inimesed vaid lõpliku surma puhul, mil vaimne Ise vabastatakse ärakulunud kehast.

Selle teadusliku meetodi[3] abil end regulaarselt treenides, saab Ise tunda end kehast eraldiolevana *ilma lõplikult suremata.*

Ma toon siin ära üksnes selle protsessi üldise idee ja tõelise teadusliku teooria, millele see on rajatud. Jagan teiega oma kogemust. Ma võin öelda, et see leitakse alati olevat usutav ja üldkasutatav. Võin täiesti rahulikult väita, nagu ma eelnevalt välja tõin, et selle meetodi viljelemise käigus tuntakse intensiivselt meie viimaseks sihiks olevat õndsust. Selle praktiseerimine ise on juba intensiivselt õnnis – ma riskin öelda, et palju puhtamalt õnnis kõigist suurtest naudingutest, mida ükski viiest meelest võiks meile iial pakkuda.

---

[2] Pauluse esimene kiri korintlaste 15:31.

[3] Teaduslik meetod, millele siin ja kogu ülejäänud raamatus viidatakse, on Kriija jooga, muistne vaimne teadus, mis sisaldab teatud joogide meditatsioonitehnikaid, mida Paramahansa Yogananda on õpetanud Self-Realization Fellowshipi õppetundides *(kirjastaja märkus).*

Ma ei taha tuua kellelegi mingit muud tõestust, kui see, mida võimaldab ta enda kogemus. Mida enam keegi seda meetodit kannatlikkuse ja regulaarsusega viljeleb, seda intensiivsemalt ja püsivamalt tunneb ta end olevat õndsuses kinnistunud.

Tänu halbadele harjumustele elustub kehalise olemasolu teadvus aeg-ajalt täies oma väes ja võitleb selle rahulikkuse vastu. Aga kui keegi viljeleb meditatsiooni regulaarselt ja pikemate perioodide kaupa, siis võib garanteerida, et aja jooksul leiab ta end õndsuses, selles kõrges mõistust ületavas seisundis.

Samas ei peaks me kujutlema võimalikke tulemusi, kuhu protsess meid võiks viia, liiga mõistuspäraselt, et siis peale lühikest katsetamist praktiseerimine katkestada. Selleks, et tõeliselt edeneda, on vaja järgnevat: esiteks – armastavat tähelepanu õpitavale, teiseks – soovi õppida ja siirast uurijavaimu, kolmandaks – püsivust, kuni soovitud sihteesmärk saavutatakse.

Kui me läbime vaid pool teed ja hülgame peale lühikest praktikat ülejäänu, siis soovitud tulemust ei järgne. Vaimsete praktikate juurde jõudnud uustulnuk, kes püüab ekspertide (kõigi ajastute meistrid ja prohvetid) kogemusi juba ette ära otsustada, on nagu laps, kes püüab ette kujutada, kuidas võiks välja näha aspirantuur.

On suur kahju, et inimesed kulutavad oma parimad jõupingutused ja aja maise olemasolu peale või laskuvad intellektuaalsesse väitlusse teooriate üle. Harva peavad nad neid teooriaid praktiseerimist väärt olevaiks ega tunne soovi neid elustavaid ja elule mõtet andvaid tõdesid kannatlikult elus kogeda. Vääriti juhitud pingutused köidavad tähelepanu tihti enam, kui õiges suunas tehtud teod.

Ma olen viljelenud ülalnimetatud meetodit palju aastaid

ja mida rohkem ma seda teen, seda enam tunnen ma püsiva ja eksimatu õndsuse seisundi rõõmu.

Me peaksime meeles pidama, et vaimne Ise on olnud keha vangis nii palju ajastuid, et me ei suuda seda hoomatagi. See ei vabane ühe päevaga, samuti ei vii ka lühike või hüplik meetodi praktiseerimine ülima õndsuse seisundini, ei anna isikule kontrolli seesmiste organite üle. See vajab pikaajalist kannatlikku praktikat.

Samas võib garanteerida, et selle protsessi järgimine toob puhta õndsuse-teadvuse suure rõõmu. Mida enam me seda praktiseerime, seda kiiremini saavutame õndsuse. Soovin, et õndsuse otsijatena, nagu me kõik seda oleme, püüaksite te seda kõigis olevat ja kõigile kättesaadavat tõde kogeda. See seisund pole kellegi leiutatud. See on juba olemas – me peame selle lihtsalt avastama.

Ärge lugege ükskõiksusega seda, mida ma kirjutan, kuni te pole seda tõde ise katsetanud. Te võite olla väsinud erinevate teooriate kuulamisest – ühelgi neist pole teie elus olnud mingit otsest rakendust. See siin pole teooria, vaid realiseeritud tõde. Ma püüan anda teile ideed sellest, mida saab tõeliselt kogeda.

Mul oli hea õnn õppida seda püha, teaduslikku tõde suurelt India pühakult[4] palju aastaid tagasi. Te võite küsida, et miks ma teid tagant innustan – miks ma juhin teie tähelepanu faktidele. Kas mul on mõni isekas huvi? Sellele vastan ma jaatavalt. Ma tahan selle tõe teile anda, lootuses saada tagasi puhast rõõmu sellest, et olen aidanud teid eneseleidmiseni praktikas ja selle teostamisel.

---

[4] Svaami Sri Yukteswar, Paramahansa Yogananda guru *(kirjastaja märkus)*.

Teadusliku (jooga)meetodi füsioloogiline seletus

Nüüd pean ma sisenema veidi füsioloogia valdkonda, mis võimaldab meil meetodit mõista – vähemalt üldiselt. Viitan elektrivoolule peamistes kehakeskustes ja selle suunamisele aju kaudu nendele keskustele vastavatesse välistesse meeleorganitesse ja siseorganitesse, mis tagab nende organite eluvõnke.

Praana-energia (eluelektri vitaalne vool) jaotuseks ajust läbi kogu närvisüsteemi on olemas kuus peamist selgrookeskust ehk *tšakrat*.[5] Need on:

1. Kolmanda silma keskus

2. Kurgukeskus

3. Südamekeskus

4. Päikesepõimiku keskus

5. Sakraalkeskus

6. Juurkeskus

Aju on ülim elektrijaam (kõrgeim keskus). Kõik keskused on üksteisega ühendatud ja toimivad ülima keskuse (ajurakkude) mõju all. Ajurakud suunavad ja toodavad elektrivoolu ehk elektrit ning laevad seda läbi nende keskuste erinevatele eferentsetele ja aferentsetele närvidele, mis omakorda edendavad motoorikat ja puudutust, silmanägemist, kuulmist jt tunnetusi.

See ajust lähtuv elektri voolamine on organismile elutähtis (välistele ja seesmistele organitele), samuti on tegu

---

[5] Aatomienergiast peenem arukas energia (*praana* ehk elujõud), mis aktiveerib ja hoiab ülal kehas olevat elu *(kirjastaja märkus)*.

elektrilise vahendajaga, mille kaudu jõuavad ajju kõik mee-
lelised raportid ja põhjustavad seal mõttereaktsioone.

Kui Ise soovib tõhusalt välja lülitada kehalisi aistinguid
(mis on samuti mõtteseeriate ilmnemise põhjustajaks), siis
peab ta tähelepanuga kontrollima elektrilist voolu, tõmbama
selle ära närvisüsteemilt kui tervikult ja suunama seitsmele
energiakeskusele (kaasa arvatud ajule), et anda seeläbi sees-
mistele ja välimistele organitele täiuslikku puhkust.

Unes on aju ja meeleorganite vaheline elektriühendus
osaliselt takistatud – selleks, et tavapärased puudutused,
heli ja teised aistingud ei jõuaks ajju, on meie meeleorganid
osaliselt välja lülitatud. Aga kuna see takistus ei ole täielik,
siis võib piisavalt tugev väline mõjutus taastada elektrijuh-
tivuse, sealt saadetakse raport edasi ajju ja isik äratatakse.
Kuid unes säilib alati püsiv elektriline voog siseorganitesse –
südamesse, kopsudesse ja teistesse osadesse, need tukslevad
ja töötavad edasi.

Teadusliku (jooga)meetodi viljelemine vabastab kehalistest ja mentaalsetest segajatest

Kuna eluelektri kontrollimine pole unes täielik, häiri-
vad seda kehalised ebamugavustunded, haigus või tugev
väline mõjutus. Kuid appi võttes teadusliku kontrolliprot-
sessi, mida siinkohal üksikasjalikult ei kirjeldata, võime me
üheaegselt ja täiuslikult kontrollida nii kehasüsteemi väli-
seid kui seesmisi organeid. See on joogapraktika lõplikuks
tulemuseks. Kuid selle täiusliku kontrolli saavutamine võib
võtta pikki aastaid.

Kuna peale magamist (mis on puhkuseks) on välised
organid ergutust saanud, taastunud, siis peale teadus-
liku meetodi kaudu saavutatud puhkust on ka seesmised

organid suurel määral elustunud ning koos sellest tuleneva
tööjõudluse suurenemisega pikeneb ka eluiga.

Kuna me ei karda minna magama, mille ajal meeleor-
ganid jäävad teatud ajaks inertseks, siis ei peaks me samuti
kartma teadlikku surma, st siseorganitele puhkuse andmist.
Surm on siis meie kontrolli all, sest kui me mõtleme, et
see kehaline maja enam elamiseks ei sobi ja on katki, siis
lahkume me sellest iseenda algatusel. „Viimse vaenlasena
kõrvaldatakse surm."[6]

Me võime kirjeldada protsessi nii: kui linnas asuv tele-
foni keskjaam on juhtmeid pidi ühendatud erinevate linna-
osadega, siis võivad neist linnaosadest helistavad inimesed
saata sõnumeid traate pidi voolava elektrivoolu vahendusel
keskjaama isegi vastu keskjaama kontori tegelaste tahtmist.
Kui keskjaam tahab erinevate linnaosadega ühendust kat-
kestada, siis võib ta peamise lüliti välja lülitada ja seejärel ei
toimi enam mingi ühendus.

Sarnaselt sellega õpetab teaduslik meetod protsessi, mis
võimaldab meil tõmmata kõigis organites ja üle kogu keha
laialijaotunud eluenergiat meie *kesksesse kehaossa* – selg-
roogu ja ajju. Protsess kujutab endast seitset peamist keskust
ühendava selgroosamba ja aju magnetiseerimist – andes
tulemuseks selle, et laialijaotatud eluelekter tõmmatakse ta-
gasi algsetesse laadimiskeskustesse. Seda kogetakse valguse
kujul. Selles seisundis võib vaimne Ise vabastada end oma
kehalistest ja mentaalsetest eksitajatest.

Isegi vastu tahtmist häirivad vaimset Iset telefonikõned
kahte sorti inimestelt – härrasmeestelt (mõtetelt) ja mada-
lama klassi inimestelt (kehalistelt aistingutelt). Nautimaks
kergendust ja katkestamaks nendega ühendust, peab Ise

[6] Pauluse esimene kiri korintlaste 15:26.

Paramahansa Yogananda New Yorgis aastal 1926.

Üks esimesi Paramahansa Yogananda korraldatud üritusi
Los Angeleses asuvas SRF rahvusvahelises peakorteris 1925.
aastal.

Self-Realization Fellowshipi rahvusvaheline peakorter 1982.
aastal.

lülitama kilbist juhtmetesse voolu andva pealüliti välja (nel-
janda meetodi praktiseerimine).

Tähelepanu on suur energiajuht ja tühjaks laadija. See
väljastab ajust aktiivselt elektrilist eluvoolu sensoorsetele ja
motoorsetele närvidele. Näiteks ajame me eemale tülikat
kärbest ja liigutame oma tähelepanu väega elektrivoolu
motoorsetes närvides ning tekitame niiviisi soovitud käelii-
gutuse. Näites viitasin väele, mille abil saab süsteemi elekt-
rivoolu kontrollida ja seda keha seitsmesse keskusse viia.

Need on nood selgroos asuvad tähekujulised (astraal-
sed) keskused ja nende müsteerium, mida mainitakse Piib-
lis. Apostel Johannes avas seitsme keskuse peidetud avaused
ja tõusis tõelisse mõistmisse endast kui Vaimust. „Kirjuta
siis, mida sa oled näinud ... seitsme taevatähe saladus."[7]

Teadusliku (jooga)meetodi järjepidev viljelemine
viib õndsusteadvuse ehk Jumalani

Lõpetuseks soovin ma kirjeldada elektrivoo *täielikule*
kontrollimisele järgnevate seisundite olemust. Alguses on
selgroo magnetiseerimise käigus tuntav väga tugev külge-
tõmbe aisting. Kuid jätkuv ja pidev praktiseerimine toob
endaga ühes teadliku õndsuse seisundi, mis toimib vastu-
kaaluna meie kehateadvuse toodetud erutuse seisundile.

Õndsat seisundit on kirjeldatud kui meie universaalset
sihtmärki ja kõrgeimat vajadust, sest selles oleme me Ju-
malast ja õndsusest tõeliselt teadlikud ning tunneme oma
tegelike minade avardumist. Mida tihemini seda kogetakse,
seda enam väheneb meis meie kitsas individuaalsus, seda
kiiremini saavutatakse kõikehõlmavuse seisund ning seda

---

7 Ilmutusraamat 1:19,20.

lähem ja vahetum on meie üksolemine Jumalaga. Religioon pole midagi muud kui individuaalsuse sulandumine universaalsesse. Seetõttu tõuseme me selle õndsa seisundi teadvuses mööda religiooni treppi üha kõrgemale. Me jätame selja taha meelte tervistkahjustava atmosfääri ja uitlevad mõtted ning jõuame taevase õndsuse piirkonda.

Me õpime selle protsessi kaudu seda, mis on kõikehõlmav tõde: kui vaimse Ise õndsa teadvuse seisund muutub läbi pideva praktika tõeliseks, siis leiame end alati meisoleva õndsa Jumala pühast kohalolust. Me täidame oma kohustusi paremini, pidades rohkem silmas kohustusi endid, kui meie isekust ning sellest tulenevat naudingut ja valu. Siis suudame me lahendada olemise müsteeriumi ja anda elule tõelise tähenduse.

Kõigi religioonide õpetustes – olgu see siis kristlus, islam või hinduism, rõhutatakse ühte ja sama tõde: kuni inimene ei tunne end vaimuna, on ta piiratud surelike kontseptsioonidega ja allub looduse kindlatele seadustele. Oma tõelise olemuse teadmine toob talle igavese vabaduse. Me võime tunda Jumalat vaid läbi enesetundmise, sest meie tõeline olemus on Tema sarnane. Inimene loodi Jumala näo järgi. Kui õpite ja praktiseerite siiralt siin soovitatud toimimisviise, siis saate teada, et te olete õnnis vaim ja teostate Jumala.

Selles raamatus toodud meetodid haaravad endasse kõik Jumalateostuseks olemuslikult vajalikud vahendid, jättes tähelepanuta eri religioonides kasutusel olevad loendamatud reeglid ja pisipraktikad. Mõned neist ettekirjutustest on seotud inimmõistuse raames tajutud erinevustega, mis on küll vajalikud, ent vähetähtsad. Mõned reeglid tulevad päevakorda kõnealuste meetodite praktiseerimise käigus, ent siinkohal neid ei käsitleta.

Teaduslik (jooga)meetod töötab vahetult elujõuga

Selle meetodi ülimuslikkus teiste ees rajaneb tõsiasjale, et see töötab täpselt selle asjaga, mis seob meid meie kitsa individuaalsusega – *elujõuga*. Selle asemel, et tagasi pöörduda ja ühineda Ise enesest teadliku avarduva jõuga, tulvab elujõud üldiselt väljapoole, hoides keha ja mõistuse pidevas liikumises ning põhjustades vaimses Ises kehaliste aistingute ja mööduvate mõtete näol häiritust.

Kuna elujõud liigub väljapoole, siis häirivad ja moonutavad aistingud ja mõtted Ise ehk Hinge rahulikku kujutist. See (jooga)meetod õpetab meile elujõu pööramist sissepoole. Seega on see *otsene* ja *koheselt* toimiv – viib meid otseteed Ise-teadvusse – Jumala õndsuseni. See ei vaja vahendajat.

Teaduslik joogameetod reguleerib elujõu väljendusi ja on mõeldud elujõu suuna kontrollimiseks ja juhtimiseks. Teised meetodid õpetavad elujõudu kontrollima intellekti- ehk mõtteprotsessi kaudu, ärgitavad Ise-teadvust selle õndsas ja teistes aspektides.

Tuleb tähele panna, et kõik maailmas esinevad religioossed meetodid reguleerivad otse või kaudselt, vaikimisi või sõnaselgelt elujõu kontrollimist, suunamist ja tagasi pööramist selleks, et see võiks ületada keha ja mõistuse ja tunda Iset selle sünnipärases seisundis. Siintoodud neljas teaduslik (jooga)meetod kontrollib elujõu abil otseselt elujõudu, kusjuures teised meetodid teevad seda kaudselt mõne vahendi – mõtte, palve, hea töö, Jumala-teenimise vormide või „teadliku une" – abil.

Elu eksisteerimine inimeses tähendab tema olemasolu – selle puudumine on surm. Seetõttu peab toimimisviis, mis õpetab eluväe kontrollimist elujõu enda kaudu, olema kõigist parim.

Erinevate ajastute ja Maa piirkondade nägijad on soovitanud inimestele, kellede hulgas nad elasid ja jutlustasid, paikkonna mõtteviisi ja elutingimustega kohaldatud meetodeid. Mõned omistasid tähtsust palvele, mõned tundele, mõned headele töödele-tegudele, mõned armastusele, mõned arutlemisele ehk mõttele, mõned meditatsioonile. Kuid nende motiivid on olnud samad.

Kõik nad pidasid silmas, et kehateadvus tuleb ületada elujõu sissepoole pööramise kaudu ja et Ise tuleb teostada moel, nagu päike peegeldub vaikses, rahulikus vees.

Nägijate sihiks on just selle pidev juurutamine, mida neljas teaduslik (jooga)meetod otse ja ilma vahendajateta õpetab.

Samas peaks arvesse võtma, et selle meetodi viljelemine ei väldi intellekti arendamist, füüsise ülesehitamist, ühiskondlikke ning kasulikke tegevusi – kaasinimeste heaks omakasupüüdmatule tööle pühendatud parimate tunnete ja motiividega elu. Tegelikkuses tuleks kõigile ette kirjutada *igakülgset* treeningut. See aitab ennast pärssimata seda meetodit positiivselt praktiseerida – ainsa vajaliku asjana tuleb säilitada teadlik vaatenurk. Siis tulevad kõik teod, kõik püüdlused meile kasuks.

Selles protsessis on peamine inimese organismi ülalhoidva ja tollele võnkuvat elu ja energiat andva elujõu müsteeriumi mõistmine.

TEADMISE TÖÖVAHENDID JA RELIGIOOSSE LÄHENEMISVIISI TEOREETILINE PAIKAPIDAVUS

Religioosse ideaali (alati oleva, alati teadvel Jumala õndsuse) kõikehõlmavust ja selle saavutamise praktilisi võtteid vaatlesime eelmistes peatükkides. Nüüd tahaksime arutleda nende paikapidavuse teemal.

Meetodid on põhiolemuselt praktilised ja kui neid järgida, siis peaks jõutama ka ideaalini – tegeleme teooriatega või mitte. Nende paikapidavust näitab selgesti ehe praktiline tulemus ise.

Nii on arusaadav, et tegelikult pole vaja välja tuua tõele vastavuse teoreetilist alust. Kuid selleks, et kõiki rahuldada, käsitlemegi *a priori* meetodite aluseks olevaid teadmisi – et nende paikapidavus oleks ka teoreetiliselt välja toodud.

See tekitab meie jaoks tunnetusteooria valda kuuluva küsimuse: kuidas ja kui palju me saame ideaali, tõde, tunda? Et aru saada, kuidas me tajume ideaali, peame jälgima, kuidas me mõistame tavalist maailma. Me peame tegelema maailma tunnetamisega. Siis me näeme, kas maailma tunnetamise protsess sarnaneb ideaali tunnetamise protsessiga ning kas tegelik maailm on ideaalist eraldi või mitte – jättes erinevaks vaid mõlema tundmise-teadmise protsessi.

Enne kui me jätkame, arutlegem teadmise „töövahendite" teemal – võtete üle, mille abil on maailma tundmine meile võimalikuks tehtud. On olemas kolm teadmise töövahendit: tajumine, järeldamine ja intuitsioon.

Kolm teadmise tööriista
1. Tajumine

Meie meeled on justkui aknad, mille kaudu saabuvad välised mõjutused, tabades seejärel mõistust, mis võtab muljeid vastu passiivselt. Kui mõistus ei tööta, siis ei saa meeleakende kaudu väljastpoolt tulevad mõjutused jätta mingit muljet.

Mõistus mitte ainult ei juhata meeli mõjutuste juurde, vaid säilitab muljetena ka nende mõju. Kuid need muljed jäävad segaseks ja üksteisest eraldiolevaks massiks, kuni nendega ei ole tegelenud eristamisvõime (*buddhi*). Siis seatakse sisse asjakohane ühendus, et välise maailma detailid ära tunda. Need nii-öelda projitseeritakse äratuntavais aja ja ruumi seostes – kvantiteedis, kvaliteedis, mõõdus ja tähenduses. Maja teatakse siis majana ja mitte postina. See on intellekti (*buddhi*) toimimise tulemuseks.

Me võime näha objekti, seda tunda ja kuulda selle pihta löömisel tekkivat heli – meie mõistus võtab need muljed vastu ja talletab need. *Buddhi* tõlgendab neid ja projitseerib majana, ühes selle erinevate osadega – suuruse, kuju, värvi, vormi ja laadiga ning selle suhte ümbritsevaga olevikus, minevikus ja tulevikus – ajas ja ruumis. Niiviisi tekib maailmatunnetus.

Hullumeelse isiku muljed on samuti mõistusesse talletatud, kuid nad on seal kaootilises olekus – intellekti poolt sorteerimata ja paigutamata eristatavatesse, hästi korrastatud gruppidesse.

Nüüd tekib küsimus: kas sedasorti tajumise abil on võimalik tunnetada tegelikkust (ideaali, alati-teadvel, alati olemasolevat Jumala-õndsust)? Kas selle maailma tunnetamise-tajumise protsess kehtib kõrgema tõe puhul samuti?

Me teame, et intellekt võib töötada vaid meelte abil edasi antud info kaudu. Kindel on, et meeled annavad meile vaid omadustel ja rikkalikul valikul põhinevaid mõjutusi. Ka intellekt tegeleb mitmekesisusega. Kuigi võib ju mõelda, et „kõik on Üks", ei saa intellekt olla sellega üks. See on tema varjupool. Intellektuaalne taju ei avalda meile mitmesuguste ilmutuste aluseks oleva Kõikehõlmava Aine tõelist olemust.

See on arutlemise kohta käiv kohtuotsus. Kui *buddhi* pöördub iseenda poole, otsustamaks, kui palju ta on võimeline tundma tegelikkust meelelisi muljeid tõlgendades, siis leiab ta end olevat lootusetult meelte-maailma vangis. Ja pole ühtki piiluauku, kustkaudu ta võiks meelteülesesse maailma piiluda.

Mõned võivad öelda, et kuna me lööme kiilu meelelise ja meelteülese maailma vahele, ei saa mõistus end veenda, et tal on mingitki teadmist meelteülesest. Nad ütlevad, et me mõtleme meelteülesest, kui millestki, mis avaldub meeltes ja meelelise kaudu või meelelise tundmises – koos kõigi seoste, detailide ja valikurohkusega. Seetõttu me tunneme ja teame, et meeleülene väljendub „Ühena kõiges".

Kuid võib küsida: mis on sellise tundmise-teadmise olemus? Kas see on üksnes ajus olev idee või tõe (mitmekesisuses oleva ühtsuse) peegeldus esmasest allikast, otse, näost näkku? Kas see teadmise vorm tähendabki üksolemist? Muidugi mitte, sest see teadmine on vaid osaline, vigane. See on vaid värvitud klaasi kaudu vaatamine. Meeleülene maailm asub sellest väljaspool. Need on *a priori* argumendid tajumisest kui tegelikkuse ehk Jumala tundmise töövahendist.

Meie kogemus ütleb, et kuni me ei tõuse märkimisväärselt kõrgemale rahutu tajumise tasandist, ei saavuta me tegelikkuseks ja ideaaliks olevat õndsat seisundit (mida on vaadeldud eelmistes peatükkides). Mida enam me jätame seljataha häirivaid tajumisi ja seesmisi mõtteid, seda suurem on võimalus selle meelteülese õndsuse seisundi või õndsuse-Jumala koitmiseks.

Kogemuslikult näivad tavaline tajumine ja õndsus teineteist välistavad. Kuid ükski meie meetoditest ei rajane täielikult tajumisel, seega ei ole viimase võimetus Tegelikkuse tundmisel oluline.

2. Järeldamine

See on veel üks viis maailmast teadmiste ammutamiseks. Kuid järeldamine ise rajaneb tajumise kogemusel – olgu see siis deduktiivne või induktiivne järeldamine. Kogemusele tuginedes leiame me sealt, kus on suitsu, alati ka tuld – seega, kui me näeme kusagil suitsu, siis järeldame, et seal on ka tuld. See on deduktiivne järeldamine. See on ainult siis võimalik, kui meil on eelnev tajukogemus tulega seostatavast suitsust. Ka deduktiivsel järeldamisel (üksikjuhtumi põhjal üldiste seaduspärasuste järeldamine) sõltutakse tajumisest.

Me paneme tähele, et koolera põhjustajaiks on teatud pisikud. Me avastame seda liiki pisikute ja koolera vahelise sideme ja järeldame siis kohe, et kus iganes me selle pisiku leiame, on olemas ka koolera. Samas, kui koolerajuhtumid esinevad vaatamata vahemaale, ei leia me ikkagi järeldamise abil seost selle haiguse puhkemise loogikale. Teatud liiki pisikute ja koolera vahele sai tuua põhjusliku seose varemesinenud haigusjuhtude uurimise järel.

Seega sõltub järeldamine lõpuks ikkagi tajumisest. Järeldatud juhtumite puhul ei ilmnenud mingeid uusi tõdesid ja ka värsketes haigusjuhtumites ei leitud midagi uut. Vaadeldud juhtumites sai koolera alguse pisikutest ja järeldatud juhtumites järgnes pisikutele koolera – ei mingit uut tõde, kuigi haiguspuhang võis olla uus.

Ükskõik, milliseid mõtte-, arutuse-, järeldamise või kujutlusvõime vorme me ka ei rakendaks – ikkagi ei ole me veel tegelikkusega näost näkku kohtunud. Arutlus või mõte võivad kogemuse fakte korraldada või süstematiseerida, need võivad püüda näha asju ühe tervikuna ja tungida maailma müsteeriumisse. Kuid neid pingutusi piiravad samad asjad, mis neid käivitavad – kogemustel põhinevad faktid, meelelised muljed.

Need on meie tajuvõimete poolt osadeks lahti võetud, piiratud, ilustamata, tõsised faktid. Need pigem segavad, kui aitavad kaasa sellele olemuslikult rahutule ja katkematule mõtteprotsessile.

Nagu me näitasime, kasutab intellektuaalne ehk esimene religioosne meetod tegelikkuse ehk õndsuse ja rahuliku seisundi teostumise tundmaõppimiseks mõtet. Kuid see on määratud ebaõnnestuma. Häirivad kehalised tajud ning mõtted põhinevad meelelistel muljetel ning ei võimalda seetõttu meil keskendumise seisundis pikemalt püsida. Seetõttu ühtsuse teadvuse saavutamine ebaõnnestub. Üheks intellektuaalse lähenemise väärtuseks on see, et kui me viibime mõtete maailma, siis ületame teatud määral kehalised aistingud. Kuid see on alati ajutine.

Järgnevas kahes lähenemisviisis – pühendumuslikus ja meditatiivses on mõtteprotsessi osakaal väiksem, kuid siiski ikka veel olemas. Pühendumuslikus meetodis (st rituaalses ja tseremoniaalses Jumala-kummardamises-teenimises, palves – koguduse ühispalves või individuaalses) tegeleb suur osa mõtteprotsessist soodsate tingimuste loomisega. Siiski väljendub seal püüe keskenduda mõnele Jumala-teenimise või palve teemale.

Nii kaua, kui püütakse mõtteprotsessis avalduvat paljusust kontrollida või vältida, on pühendumuslik meetod edukas. Kuid siin peitub puudus: tänu ajastute jooksul kinnistunud halvale harjumusele ei ole meie keskendumine sügav, taaskäivitades vähimalgi häirimisel mõtteprotsesside töö. Meditatiivse lähenemisviisi puhul (välised formaalsused, konventsioonid koos riitustega välistavad võimaluse, et mõtteprotsessid hakkaksid taas liikuma sama kergesti kui pühendumusliku meetodi puhul) on keskendumine kinnistunud ühel mõtlemise objektil. Seal ilmneb järkjärguline suundumus jätta mõtete sfäär seljataha ja astuda järgnevalt vaadeldavasse intuitsioonisfääri.

3. Intuitsioon

Senimaani käsitlesime meelelise maailma töövahendeid ja selle tundmaõppimise viise. Intuitsioon, mida me nüüd vaatleme, on protsess, mille abil õpime tundma meelteülest maailma – seda, mis on meeltest ja mõtetest väljapool. On tõsi, et meelteülene väljendab end meelelises ja selleks tuleb tunnetada meelelist maailma kogu täiuses. Kuid nende kahe tundmise protsessid peavad olema erinevad.

Kas me oleme võimelised tundma-teadma meelelist maailma kogu selle täiuses pelga tajumise ja mõtlemise abil? Kindlalt mitte. On mõõtmatu hulk fakte, asju, seaduseid ja seoseid nii looduses kui meie enda organismis, mis on inimkonnale endiselt pitseeritud raamatuks. Veelgi vähem oleme võimelised tunnetama taju ja mõtte abil meelteülest maailma.

Intuitsioon tuleb seest, mõte väljast. Intuitsioon annab tegelikkusest vahetu vaate. Mõtted annavad kaudse vaate. Intuitsioon näeb kummalise sümpaatia kaudu tegelikkust terviklikkuses, samas kui mõte tükeldab selle osadeks.

Igal inimesel on olemas intuitsiooni vägi, nii nagu on tal ka mõtlemise võime. Nagu saab täiustada mõtet, saab ka arendada intuitsiooni. Intuitsioonis oleme me häälestunud tegelikkusele – õndsuse „kõik on Üks" maailmale, vaimset maailma juhtivatele seadustele, Jumalale.

Kuidas me teame, et me oleme olemas? Läbi meelelise taju? Kas meeled ütlevad meile esmalt, et me oleme olemas – kust tuleb olemasolu teadvus? See ei saa iialgi niiviisi olla, sest olemasolu teadvuse eeltingimuseks on meelte püüdlus kõigepealt saada teada enese olemasolust iseenda sees. Ükski meel ei saa olla teadlikult teadlik ühestki asjast, ilma esmase teadmiseta oma olemasolu tunnetamise kohta meis endis.

Kas järeldamine annab meile teada, et me oleme olemas? Kindlasti mitte. Sest meelelised muljed, nagu me äsja leidsime, ei saa meile meie olemasolust midagi kõnelda, kuna see tunne on neis juba eeldatavalt olemas. Ega saa ka mõtteprotsess anda meile olemasolu-teadvust, sest need avalduvad üheaegselt. Kui võrdleme ennast välise maailmaga ja püüame mõelda või järeldada, et eksisteerime selle sees, siis mõtlemine ja järeldamine juba sisaldavad olemasolu teadvust.

Aga kui meelel või mõttel see seostamine nurjub, kuidas me siis teame, et me olemas oleme? Me saame seda teada vaid intuitsiooni kaudu. Selline teadmine on *üks* intuitsiooni vorme. See on väljaspool meeli ja mõtteid – nood on üldse võimalikud intuitsiooni tõttu.

Intuitsiooni on väga raske defineerida, sest ta on meile liiga lähedal – igaüks meist tunneb seda. Kas me siis ei tea, mida tähendab olemasolu teadvus? Igaüks teab seda. Selle seletuse omaksvõtt on liiga tuttav. Küsi mõnelt, kuidas ta teab, et ta on olemas. Ta jääb vait. Ta teab seda, kuid ei suuda seda defineerida. Ta võib seda püüda teha, kuid tema seletus ei suuda väljendada seesmist tunnet. Sedalaadi kummaline iseloom on igat liiki intuitsioonil.

Viimases peatükis kirjeldatud neljas, teaduslik religioosne (jooga)meetod rajaneb intuitsioonil. Mida siiramad me selles oleme, seda avaram ja kindlam on meie nägemus tegelikkusest – Jumalast.

Inimkond jõuab Jumalikkuseni intuitsiooni kaudu, kus meeleline ja meelteülene on ühendatud, inimene tunneb, et meelteülene *avaldub* meelelises maailmas ja selle kaudu. Meelte mõju hajub – sissetungivad mõtted kaovad. Õndsus-Jumal on teostatud ja meile koidab „kõik Ühes ja Üks kõigis" teadvus. Intuitsioon on see, mida on omanud kõik maailma nägijad ja prohvetid.

Kolmas ehk meditatiivne lähenemine kannab meid, nagu II osas selgitati, siira viljelemise vahendusel samuti intuitsiooni piirkonda. Kuid see on väikene ümbersõit ja võtab meil tavaliselt rohkem aega teineteisele järgnevate intuitsiooni ja teostuse protsesside tekitamiseks.

Intuitsiooni kaudu saab teostada Jumalat kõigis Tema aspektides

Seega saab Jumalat kõigis tema aspektides teostada intuitsiooni kaudu. Meil ei ole ühtki meelt, mis avaldaks meile teadmist Temast – meeled annavad teadmisi vaid Tema ilmutustest. Ükski mõte ega järeldus ei võimalda meil Teda nii tunda või teada, nagu Ta tõeliselt on, sest mõte ei saa minna meeltes olevast andmestikust kaugemale.

Kui meeltel on see võimatu, siis niisamuti on ka mõte (mis neist sõltub) võimetu meid Jumala juurde tooma. Seepärast peame me pöörduma Jumalast, Tema õndsast ja teistest aspektidest teadmiste saamiseks intuitsiooni poole.

Kuid tõe teostamiseks ja selle intuitiivse vaatenurgani jõudmiseks on palju takistusi. Neist mõned on haigused, mentaalne suutmatus, kahtlused, põlgus, maailmakeskne mõtlemine, valed ideed ja ebastabiilsus.

Need takistused on kas seesmised või sünnipärased ja raskendatud teistega läbikäimisest. Meie seesmised kalduvused (*samskaarad*) teatud vigade suunas on ületatavad kindlaloomuliste pingutuste (*purušakara*) abil. Tahtejõu kasutamise abil saame me kõik oma puudused kõrvaldada. Õigete pingutuste ja heade inimestega – Jumalale pühendunutega – suhtlemise kaudu saame me juurida välja halvad harjumused ja kujundada häid. Kuni me ei ole asunud läbi käima nende inimestega, kes on näinud, tundnud ja teostanud oma elus tõelist religiooni, ei pruugi me täielikult teada, mis see on ja milles seisneb selle kõikehõlmavus ja vajalikkus.

Uurimise vaim on olemas kõigis. Kõik selles maailmas on tõeotsijad. See on inimese vaimne pärandus ja ta otsib seda, pimesi või arukalt, kuni ta on selle täielikult tagasi nõudnud. Paremaks muutuda ei ole kunagi liiga hilja. „Otsige ja te leiate, koputage ja teile avatakse!"[1]

[1] Matteuse 7:7.

AUTORIST

„Jumala armastuse ja inimkonna teenimise ideaal leidis Paramahansa Yogananda elus täieliku väljenduse ... Kuigi suurem osa tema elust möödus väljaspool Indiat, asetub ta ikkagi talle kuuluvale kohale meie suurte pühakute hulgas. Tema töö jätkab kasvamist ja särab aina eredamalt, tõmmates kõikjal inimesi Vaimu palverännaku teele."

Paramahansa Yogananda lahkumise kahekümne viienda aastapäeva mälestuseks India valitsuse välja antud mälestusmargi lugupidamisavaldusest.

Paramahansa Yogananda (Mukunda Lal Ghosh) sündis 5. jaanuaril 1893. aastal Himaalaja jalamil asuvas Põhja-India linnas Gorakhpuris. Varajastest aastatest alates oli selge, et tema elu tähistas jumalik saatus. Tema lähedaste teatel oli tema teadlikkuse sügavus ja kogemus vaimsest kaugel tavalisest. Oma nooruses otsis ta üles paljud India targad ja pühakud, lootes leida valgustatud õpetajat, kes juhataks teda tema hinge otsirännakul.

See juhtus 1910. aastal, seitsmeteistkümne aasta vanuselt, kui ta kohtas austatud svaami Sri Yukteswari ja sai tema õpilaseks. Selle suure jooga-meistri eraklas veetis Mukunda parima osa järgnenud kümnest aastast, saades tunda Sri Yukteswari ranget ja samas armastavat distsipliini. 1915. aastal, pärast Kalkuta Ülikooli lõpetamist, andis ta ametliku vande ning astus India auväärse Svaamide Mungaordu liikmeks, saades nimeks Yogananda (*ananda* tähistab õndsust, *jooga* – jumaliku ühtsuse kaudu).

1917. aastal alustas Sri Yogananda oma elutööd poistele

mõeldud „elamise kunsti" kooli rajamisega. Seal olid kaas-
aegsed hariduslikud meetodid põimitud joogatreeningu ja
juhendamisega vaimsetest ideaalidest. Kolm aastat hiljem
kutsuti ta India delegaadina Bostonis toimuvale Religioos-
sete Liberaalide Rahvusvahelisele Kongressile. Tema pöör-
dumine kongressi poole „religiooniteaduse" teemal võeti
vastu entusiastlikult.

Paaril järgneval aastal esines ja õpetas Yogananda
idaranniku linnades, aastal 1924 asutas ta end riiki läbi-
vale esinemistuurile. 1925. aasta jaanuaris alustas ta Los
Angeleses kahekuiste loengute ja õppeklasside seeriatega.
Nii nagu kõikjal mujalgi, tervitati tema esinemisi huvi ja
heakskiiduga. *Los Angeles Times* teavitas: „Filharmoonia au-
ditoorium kujutab erilist vaatepilti tuhandetest ... kes pidid
minema koju tagasi tund aega varem, sest väljakuulutatud
3000. kohaline saal oli viimase kohani täis."

Hiljem samal aastal asutas Sri Yogananda Los Angeleses
muistse jooga-teaduse ja filosoofia ning aegade vältel edasi
kantud meditatsioonimeetoditele rajatud õpetuste levita-
miseks 1920. aastal loodud Self-Realization Fellowshipi
ühingu rahvusvahelise peakorteri.[1] Järgneva kümne aasta
jooksul reisis Yogananda hulgaliselt, esinedes suuremates
Ühendriikide linnades. Tema õpilasteks said paljud sil-
mapaistvad teaduse-, äri- ja kunstitegelased, nende hulgas
taimeteadlane Luther Burbank, Metropolitan Opera sopran
Amelita Galli-Curci, president Woodrow Wilsoni tütar

---

[1] Erilist Paramahansa Yogananda õpetatud meditatsiooni- ja Jumalaga-
üksolemise teed tuntakse *Kriija jooga* nime all – pühitsetud vaimne teadus
pärineb tuhandete aastate tagusest Indiast. Sri Yogananda „Joogi autobio-
graafia" pakub üldist sissejuhatust *Kriija jooga* filosoofiasse ja meetoditesse,
mille üksikasjalikud juhised on õpilase jaoks ära toodud Yogananda „Self-
Realization Fellowshipi õppetundides".

Margaret Wilson, poeet Edwin Markham ja sümfooniaorkestri dirigent Leopold Stokowski.

Pärast aastatel 1935-1936 jätkunud kaheksateistkümne kuu pikkust tuuri Euroopas ja Indias, tõmbus Yogananda veidi tagasi tervet riiki hõlmanud loengute pidamisest, et pühenduda oma ülemaailmse töö alusmüüri ehitamisele ja kindlustamisele ning kirjutistele, mis kannaksid tema sõnumit edasi tulevastele põlvkondadele. Tema elulugu *„Joogi autobiograafia"* anti esmakordselt välja 1946. aastal. Teos on olnud sellest alates pidevalt trükis ja kirjastatud, see on kaasaja vaimse klassikana tõlgitud paljudesse keeltesse.

Tänasel päeval jätkab Paramahansa Yogananda alustatud vaimset ja omakasupüüdmatut tööd üks tema varasemaid ja lähedasemaid õpilasi, Self-Realization Fellowshipi / Yogoda Satsanga Society of India [2] president Sri Mrinalini Mata. Lisaks Paramahasa Yogananda raamatute, loengumaterjalide, kirjutiste ja mitteametlike esinemiste (nende hulgas koduõppeks mõeldud *„Self-Realization Fellowship Lessons")* väljaandmisega juhib ühing Sri Yogananda õpetuste praktiseerimist Self-Realizationi liikmete seas, on üle terve maailma asuvate templite, rahupaikade ja meditatsioonikeskuste, aga ka Self-Realizationi Ordu kloostrikogukondade ülevaataja ning koordineerib Ülemaailmset Palveringi. Viimase rolliks on abivajajaile füüsilise, mentaalse ja vaimse tervenemise ja rahvastele suurema harmoonia toomine.

Alates Yogananda lahkumisest 1952. aastal, on teda tunnustatud kui ühte meie ajastu tõeliselt suurt vaimset tegelast. Oma universaalsete õpetuste ja eeskujuliku elu kaudu on ta aidanud igast rassist, kultuurist ja usutunnistusest

---

[2] Indias teatakse Paramahansa Yogananda tööd Yogoda Satsanga Society kaudu.

inimestel teostada ja väljendada palju täielikumalt inim-
vaimu ilu ja õilsust. Scrippsi kolledži professor dr Quincy
Howe jr kirjutas artiklis Sri Yogananda elu ja töö kohta
järgmist: „Paramahansa Yogananda tõi läände mitte ainult
India igikestva lubaduse Jumala-teostuse kohta, vaid ka
praktilise meetodi, mille kaudu võivad kõigi suundade
vaimsed püüdlejad kiiresti selle eesmärgini edeneda. India
vaimne pärand, mida algselt võeti läänes omaks vaid kõige
kõrgelennulisematel ja abstraktsematel tasanditel, on nüüd
praktika ja kogemusena kättesaadav kõigile Jumala tun-
netuse püüdlejaile ning mitte kusagil kaugel, vaid siin ja
praegu ... Yogananda asetas kujustamise kõige kõrgemad
meetodid kõigi käeulatusse."

PARAMAHANSA YOGANANDA,
JOOGI ELUS JA SURMAS

Paramahanda Yogananda sisenes *mahasamaadhisse* (joogi lõplik teadlik kehast väljumine) Los Angeleses Californias 7. märtsil 1952. aastal pärast oma kõne lõppu India suursaadik H. E. Binay R. Sen'i auks korraldatud banketil.

Suur maailmaõpetaja demonstreeris jooga väärtuseid (Jumala-teostuse teaduslikke tehnikaid) mitte ainult elus, vaid ka surmas. Nädalaid peale lahkumist säras tema nägu lagunemise tundemärkideta muutumatuna jumalikus hiilguses.

Los Angelese Forest Lawn Memorial-Park'i surnukambri (kuhu suure meistri keha ajutiselt asetati) direktor mr Harry T. Rowe saatis *Self-Realization Fellowshipile* notariaalse kirja, kust on võetud järgmised kirjaread:

„Kõikvõimalike nähtavate lagunemise märkide puudumine Paramahansa Yogananda surnukehas kujutab meie jaoks kõige ebatavalisemat juhtumit ... Mingit füüsilist lagunemist polnud tema kehas näha isegi kakskümmend päeva peale surma ... Tema nahal ei olnud näha hallituse märke ning tema keharakkudes ei toimunud mingit kuivamist. Keha täiuslik säilimine, nagu meie seda oma surnukambri annaalidest teame, on võrreldamatu ... Yogananda keha säilitamisel lootis surnukambri personal läbi puusärgi klaasist kaane näha tavalisi kehalise lagunemise tundemärke. Meie hämmastus suurenes, kui päev järgnes päevale, toomata mingeid nähtavaid muutusi vaatlusaluses kehas. Yogananda keha oli ilmselt muutumatuse fenomenaalses seisundis ..."

„Mingit lõhna ega lagunemist ei ilmnenud tema kehas ühelgi hetkel … 27. märtsil, just enne pronksist kaane paigaldamist, oli Yogananda füüsiline väljanägemine täpselt sama, mis ta oli 7. märtsil. Ta nägi 27. märtsil välja sama värske, nagu ta nägi välja oma surmaõhtul. 27. märtsil polnud mingit põhjust öelda, et tema keha oleks üleüldse kannatanud mingi nähtava lagunemise käes. Neil põhjustel kinnitame uuesti, et Paramahansa Yogananda juhtum on meie kogemuste põhjal ainulaadne."

PARAMAHANSA YOGANANDA
KRIIJA JOOGA ÕPETUSTE LISAALLIKAD

Self-Realization Fellowship on pühendunud ülemaailmselt otsijate tasuta abistamisele. Teavet meie iga-aastaste avalike loengute ja kursuste, üle maailma asuvates templites ja keskustes toimuvate inspireerivate teenistuste, meditatsioonide ja kogunemiste ajakava kohta saate, kui külastate meie rahvusvahelise peakorteri veebilehte:

www.yogananda-srf.org

Self-Realization Fellowship
3880 San Rafael Avenue
Los Angeles, CA 90065
(323) 225-2471

SELF-REALIZATION FELLOWSHIPI
EESMÄRGID JA IDEAALID

Nagu need on paika pannud asutaja Paramahansa Yogananda ja president Sri Mrinalini Mata.

Levitada rahvaste seas teadmist üldarusaadavatest teaduslikest tehnikatest personaalse otsese Jumala-kogemuse saavutamiseks.

Õpetada, et elu eesmärgiks on enesepingutuse kaasabil inimese sureliku teadvuse arendamine Jumala-teadvuseks ning asutada selle saavutamiseks üle terve maailma Self-Realization Fellowshipi templeid ning julgustada koduste ja südametes asuvate individuaalsete Jumala templite rajamist.

Avaldada täielikku harmooniat ning algupärase kristluse ja algupärase Bhagavan Krišna õpetatud jooga põhiolemuslikku ühtsust - näitamaks, et need tõe põhimõtted on kõigi tõeliste religioonide ühiseks teaduslikuks alusmüüriks.

Näidata ühte jumalikku kiirteed, milleni viivad lõpuks kõigi tõeliste religioossete uskumuste teerajad – igapäevast, teaduslikku, pühendumuslikku Jumalale mediteerimise kiirteed.

Vabastada inimene tema kolmekordsest kannatusest: kehalistest haigustest, mentaalsetest ebakõladest ja vaimsest ignorantsusest.

Julgustada „lihtsat eluviisi ja kõrget mõtlemist", levitada kõigi inimeste seas vendluse vaimu, õpetades nende ühtsuse igavest alust – sugulust Jumalaga.

Näidata mõistuse ülimuslikkust keha üle, hinge

ülimuslikkust mõistuse üle.

Saada kurjast üle heaga, kurbusest rõõmuga, julmusest lahkusega, ignorantsusest tarkusega.

Ühendada teadus ja religioon nende aluspõhimõtete ühtsuse teostamise kaudu.

Olla ida ja lääne kultuurilise ja vaimse mõistmise ja nende eristuvate joonte vahetuse eestkõnelejaks.

Teenida inimkonda kui iseenda suurimat Mina.

Self-Realization Fellowshipi kirjastatud teosed

JOOGI AUTOBIOGRAAFIA

See paljukiidetud elulookirjeldus esitab kütkestava portree ühest meie ajastu suurimast vaimsest tegelaskujust. Paramahansa Yogananda toob oma elu lugejateni inspireeriva kroonikana haarava siiruse, sõnaosavuse ja arukusega – oma silmapaistva lapsepõlve kogemused, kohtumised paljude pühakute ja tarkadega tema nooruses valgustatud õpetaja otsingul üle Indias; kümneaastase õpingute perioodi austatud joogameistri eraklas ja kolmekümmend Ameerikas õpetajana elatud aastat. Ülestähendatud on tema kohtumised Mahatma Gandhi, Rabindranath Tagore, Luther Burbanki, katoliikliku stigmaatiku Therese Neumanni ja teiste ida ja lääne pühitsetud vaimsete isikutega.

„Joogi autobiograafia" on kaunilt kirjutatud erandliku elu ülestähendus ja põhjalik sissejuhatus muistsesse joogateadusse ja meditatsioonitraditsiooni. Autor seletab selgesti lahti imepeeneid, kuid kindlaid, igapäevaste või imedeks tituleeritud ebatavaliste juhtumiste taga olevaid seadusi. Nii kujuneb tema kaasahaarav elulugu inimkonna olemasolu müsteeriumide unustamatu vaate taustal.

Peetuna kaasaegseks vaimseks klassikaks, on seda raamatut tõlgitud enam kui kahekümnesse keelde, seda kasutatakse teksti- ja viiteallikana laialdaselt kolledžites ja ülikoolides. Katkematu bestsellerina on *„Joogi autobiograafia"* enam kui kuuskümmend aastat tagasi ilmunud esimesest

väljaandest alates leidnud tee miljonite lugejate südametesse
üle terve maailma.

„Haruldane allikas."

— *The New York Times*

„Kütkestav ja selgelt ülestähendatud uurimus."

— *Newsweek*

„Enne seda jooga esitlust ei ole ei inglise ega teistes eu-
roopa keeltes midagi taolist kirja pandud."

— *Columbia University Press*

PARAMAHANSA YOGANANDA
EESTIKEELSED RAAMATUD

Joogi autobiograafia

Edu seadus

Kuidas kõnelda Jumalaga

Teaduslikud tervendamise jaatused

Metafüüsilised meditatsioonid

Religiooniteadus

PARAMAHANSA YOGANANDA
INGLISKEELSED RAAMATUD

Saadaval raamatupoodides või otse kirjastajalt:

Self-Realization Fellowship
3880 San Rafael Avenue • Los Angeles,
California 90065-3219
Tel (323) 225-2471 • Fax (323) 225-5088
www.yogananda-srf.org

Autobiography of a Yogi

The Second Coming of Christ:
The Resurrection of the Christ Within You
Ilmutuslik kommentaar Jeesuse algupärasele õpetusele.

God Talks with Arjuna; The Bhagavad Gita
Uus tõlge ja kommentaar.

Man's Eternal Quest
I osa Paramahansa Yogananda loengutest ja mitteametlikest
esinemistest.

The Divine Romance
II osa Paramahansa Yogananda loengutest, mitteametlikest esinemistest ja esseedest.

Journey to Self-realization
III osa Paramahansa Yogananda loengutest ja mitteametlikest esinemistest.

Wine of the Mystic:
The Rubaiyat of Omar Khayyam — A Spiritual Interpretation
Inspireeritud kommentaar, mis toob valguse kätte *Nelikvärsside* mõistatusliku kujundlikkuse taga peidus oleva Jumalaga üksolemise müstilise teaduse.

Where There Is Light:
Insight and Inspiration for Meeting Life's Challenges

Whispers from Eternity
Valik Paramahansa Yogananda palveid ja jumalikke kogemusi ülendatud meditatsiooniseisunditest.

The Science of Religion

The Yoga of the Bhagavad Gita:
An Introduction to India's Universal Science of God-Realization

The Yoga of Jesus:
Understanding the Hidden Teachings of the Gospels

In the Sanctuary of the Soul:
A Guide to Effective Prayer

Inner Peace:
How to Be Calmly Active and Actively Calm

To Be Victorious in Life

Why God Permits Evil and How to Rise Above It

Living Fearlessly:
Bringing Out Your Inner Soul Strength

How You Can Talk With God

Metaphysical Meditations
Enam kui 300 vaimselt ülendavat meditatsiooni, palvet
ja jaatust.

Scientific Healing Affirmations
Paramahansa Yogananda esitab siin jaatuse teaduse põhjapaneva
seletuse.

Sayings of Paramahansa Jogananda
Ütluste ja tarkade nõuannete kogum, mis annab edasi Parama-
hansa Yogananda siirad ja armastavad vastused neile, kes on
tulnud tema juurde juhatust saama.

Songs of the Soul
Paramahansa Yogananda müstiline luule.

The Law of Success
Selgitab inimese elueesmärkide saavutamiseks vajalikke dünaa-
milisi põhimõtteid.

Cosmic Chants
60 pühendumusliku laulu sõnad (*inglise keeles*) ja muusika koos
sissejuhatusega, mis seletab, kuidas vaimne skandeerimine võib
viia meid Jumalaga-üksolemisele.

PARAMAHANSA YOGANANDA
AUDIOSALVESTISED

Beholding the One in All

The Great Light of God

Songs of My Heart

To Make Heaven on Earth

Removing All Sorrow and Suffering

Follow the Path of Christ, Krishna, and the Masters

Awake in the Cosmic Dream

Be a Smile Millionaire

One Life Versus Reincarnation

In the Glory of the Spirit

Self-Realization: The Inner and the Outer Path

SELF-REALIZATION FELLOWSHIPI
TEISED TRÜKISED

Täielik kataloog, mis kirjeldab kõiki Self-Realization Fellowshipi trükiseid ja audio/video salvestisi, on saadaval nõudmisel.

The Holy Science
autor Svaami Sri Yukteswar

Only Love:
Living the Spiritual Life in a Changing World
autor Sri Daya Mata

Finding the Joy Within You:
Personal Counsel for God-Centered Living
autor Sri Daya Mata

God Alone:
The Life and Letters of a Saint
autor Sri Gyanamata

"Mejda":
The Family and the Early Life of Paramahansa Jogananda
autor Sananda Lal Ghosh

Self-Realization
(kvartali ajakiri, mille 1925. aastal asutas
Paramahansa Yogananda).

SELF-REALIZATION FELLOWSHIPI
ÕPPETUNNID

Paramahansa Yogananda poolt õpetatud teaduslikud tehnikad, nende hulgas *Kriija jooga* – ja samuti tema juhised tasakaalustatud vaimsest elamisest on ära toodud *"Self-Realization Fellowshipi õppetundides"*. Lisateabeks kirjutage palun tasuta saadaoleva inglise-, hispaania- ja saksakeelse trükise, *"Teostamata unistuste võimalused"* saamiseks.